IFÁ LUCUMÍ

COPYRIGHT © 2020
Nei Lopes

EDITORAS
Cristina Fernandes Warth
Mariana Warth

COORDENAÇÃO DE PRODUÇÃO, PROJETO GRÁFICO E CAPA
Daniel Viana

ILUSTRAÇÕES DE CAPA E MIOLO
Pedro Rafael

PREPARAÇÃO DE TEXTO E REVISÃO
Eneida D. Gaspar

Este livro segue as novas regras do Acordo Ortográfico da Língua Portuguesa.

Todos os direitos reservados à Pallas Editora e Distribuidora Ltda. É vetada a reprodução por qualquer meio mecânico, eletrônico, xerográfico etc., sem a permissão por escrito da editora, de parte ou totalidade do material escrito.

CIP-BRASIL. CATALOGAÇÃO NA PUBLICAÇÃO
SINDICATO NACIONAL DOS EDITORES DE LIVROS, RJ

L854i

    Lopes, Nei, 1942-
        Ifá Lucumí : o resgate da tradição / Nei Lopes. - 1. ed. - Rio de Janeiro : Pallas, 2020.
        224 p. ; 14 cm.

        Inclui bibliografia e índice
        ISBN 978-85-347-0568-4

        1. Ifá (Religião). 2. Filosofia e religião. 3. Iorubá (Povo africano) - Religião. 4. Oráculos. I. Título.

20-63887   CDD: 299.6132
                                CDU: 259.4-544.8

Meri Gleice Rodrigues de Souza - Bibliotecária CRB-7/6439

Pallas Editora e Distribuidora Ltda.
Rua Frederico de Albuquerque, 56 – Higienópolis
CEP 21050-840 – Rio de Janeiro – RJ
Tel./fax: 21 2270-0186
www.pallaseditora.com.br | pallas@pallaseditora.com.br

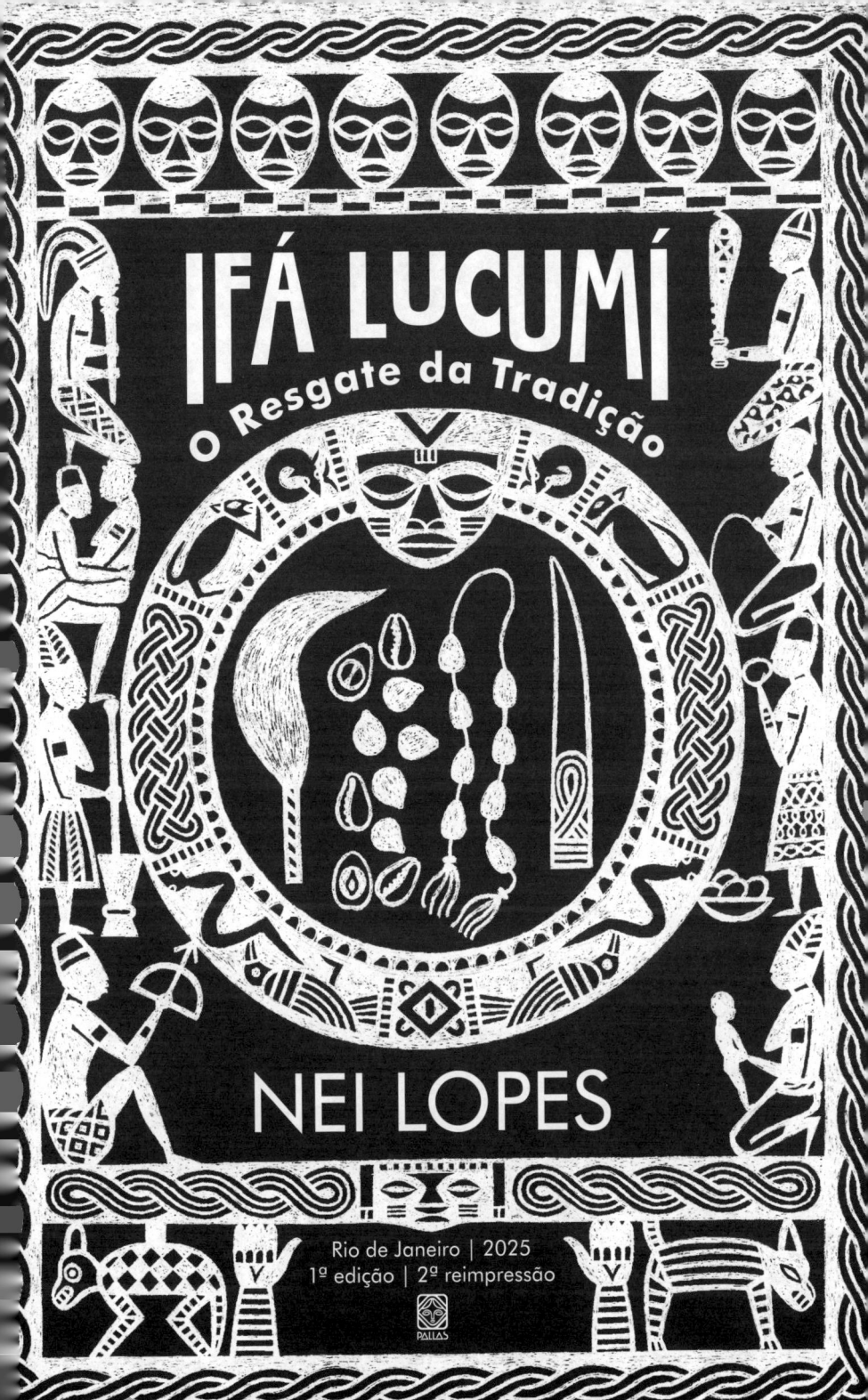

Laroiê, Eleguá! Agô!

*No oráculo de Ifá estão presentes interrogações
ontológicas que o ser humano sempre se faz: a busca da
verdade, a origem da vida, sua razão de ser, o destino da
humanidade e o destino individual*
Fernández Martínez / Porras Potts (1998, p. 57)

*Eu rezava "de ouvido". Com Ifá, eu rezo como
quem toca numa orquestra, lendo partitura.*
De um músico no Rio de Janeiro, em 2005

Ifá es Inteligência, Fuerza e Asimilación!
Wilfredo Nelson – Erdigbre

*Houve poucos Babalaôs verdadeiros no
Brasil e atualmente não os há mais.*
Olga Gudolle Cacciatore, (1998, p. 60)

Em memória de Gilberto de Jesus ("Popó") e José Jorge Pompeu Campos ("Joquinha de Iroko"), por nossos primeiros passos. Ibaê!!

ADVERTÊNCIA

Os saberes de Ifá são iniciáticos, acessíveis somente àqueles que passaram pelos ritos de iniciação, conjunto de cerimônias que marcam o ingresso em uma sociedade fechada, principalmente de caráter místico. Assim, este livro não "ensina" Ifá: seu objetivo é apenas apresentar ao público em geral uma forma de religiosidade tão antiga quanto mal conhecida ou mal interpretada; que une espiritualidade e racionalidade, filosofia e tecnicidade; que fundamenta e justifica inúmeras práticas rituais erroneamente consideradas como crendices ou superstições. Com ele pretendemos mostrar que Ifá não é um "jogo de adivinhação", e muito menos uma linha auxiliar, subsidiária de vertentes religiosas supostamente mais importantes, embora possa e deva ser consultado por sacerdotes de outras vertentes de matriz africana. Ifá é um sistema completo de comunicação com o mundo invisível, em redor do qual se desenvolveu uma religião que veio da África para as Américas no ambiente do tráfico negreiro e que, a partir do século 20, tida já como desaparecida, principalmente no Brasil, se expandiu e ramificou a partir de Cuba – na vertente *lucumí* –, e fez adeptos em várias partes do mundo moderno.

SOBRE A GRAFIA

///////////////////////////////

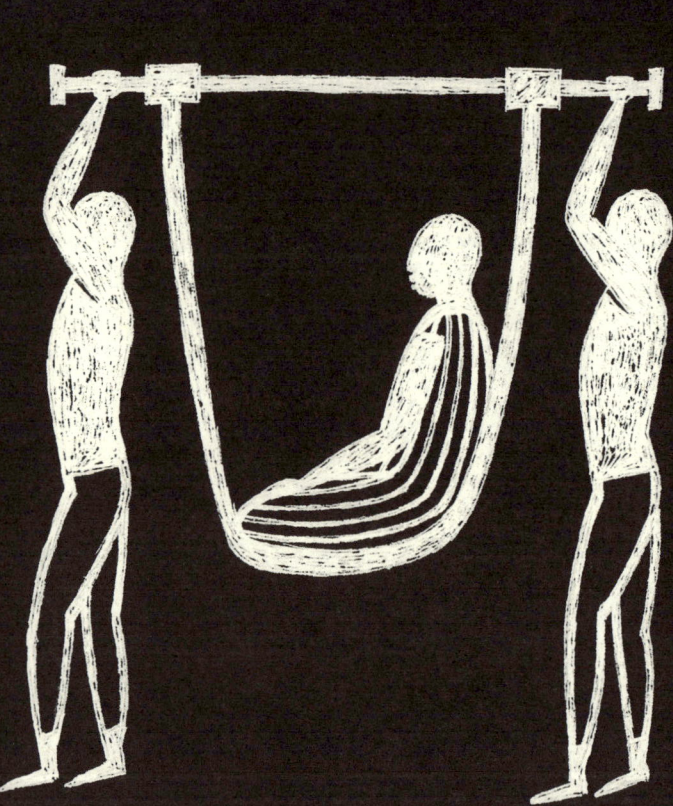

Nesta obra, a grafia das palavras de origem africana já acolhidas pelo Vocabulário Ortográfico da Língua Portuguesa (OLP, 2009) obedecem à norma oficial. As demais obedecem ao padrão utilizado, por exemplo, em Prandi (2008), por ser, na avaliação do Autor, simples e absolutamente coerente.

Na escrita dos termos em lucumí, o iorubá utilizado em Cuba, optamos pelo padrão gráfico do espanhol cubano, abandonando a grafia anglicizada, comum na Ilha. Assim, temos: *Changó* em vez de *Shango; Ochún* em lugar de *Oshun* etc. Os dígrafos "bb", "dd" e "gg", eventualmente encontrados em textos sobre as religiões afro-cubanas, são substituídos respectivamente por "b", "d" e "g", pois estas não são consoantes duplas no espanhol.

Para melhor entendimento, buscamos, sempre que possível, escrever os nomes e conceitos já incorporados ao português do Brasil seguidos da forma em iorubá (cf. Abraham, 1981) entre parênteses. Já na parte especificamente relativa ao Ifá em Cuba, a partir do Capítulo 7, grafamos, quando da primeira ocorrência, na forma lucumí, seguida da forma brasileira entre parênteses. Ex: *Changó* (Xangô); *Ochún* (Oxum). Depois, prosseguimos, naturalmente, com essa forma.

Ainda seguindo o padrão hispano-cubano, adotamos as regras de acentuação tônica derivadas do espanhol, em que só é usado o acento agudo, e as palavras monossílabas não são acentuadas (*Le, Mi*), salvo no caso de acentos diferenciais. Entre as polissílabas, as oxítonas são acentuadas quando terminam em vogal (*Changó, batá, odú, orí*) ou vogal seguida de "n" ou "s" (*Ochún, orikís*), e quando a sílaba tônica é o "u" ou "i" de um hiato (*yeún*). As paroxítonas são acentuadas quando terminam com uma consoante diferente de "n" ou "s" (*Bolívar*), com uma consoante qualquer seguida por "s" (*bíceps*) e com outras terminações quando a sílaba tônica é parte de um hiato

(***Odúa, babaláo, Oroíña, Ojuáni***). As proparoxítonas (***Orúnmila, Aberikúkeye***) e superproparoxítonas (*débasele*) são sempre acentuadas. Nas palavras compostas, só se conserva o acento tônico da última (opón-Ifá > ***oponifá***); mas, nas palavras com acento tônico, conservam-se o trema, usado para indicar a pronúncia do "u" em "güe" e "güi" (***Nangüé***), e o til usado para nasalizar o "ñ" (***Bañaní, Oroíña***). Note-se que o "y" é uma consoante, sendo assim tratado ao se aplicarem as regras de acentuação.

Na grafia do iorubá, os acentos têm significado diferente do que têm em português. O iorubá é uma língua tonal: cada vogal pode ser falada num tom baixo, médio ou alto (algo como dó, mi, sol), dando significados diferentes a palavras com as mesmas letras. O acento grave (`) indica o tom mais baixo, e o agudo (´), o tom mais alto. Já a vogal aberta (escrita em português á, é, ó) é indicada por um ponto abaixo da letra. E um ponto sob um "s" indica que sua pronúncia é "ch" (*Ṣàngo* = Xangô).

SUMÁRIO

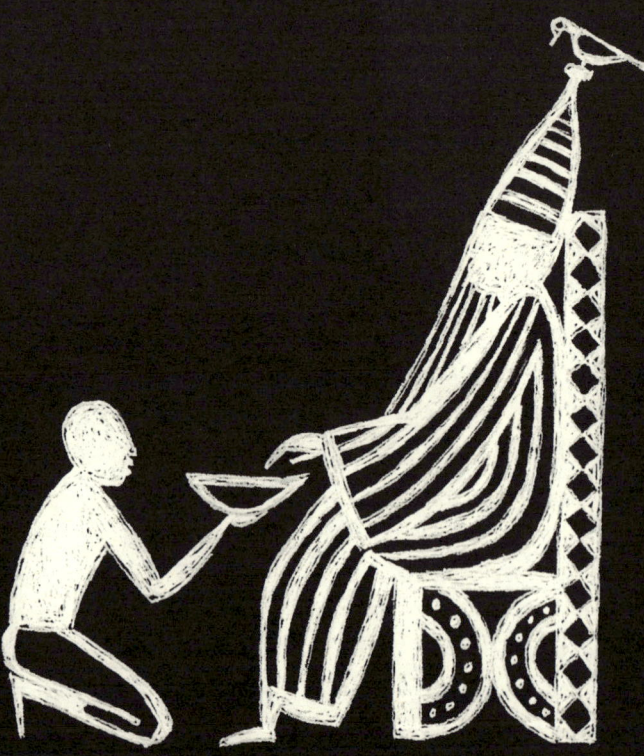

Introdução 18

CAPÍTULO 1 Origens Históricas da Tradição de Ifá 24

CAPÍTULO 2 O Culto a Orunmilá 36

CAPÍTULO 3 O que é Ifá 50

CAPÍTULO 4 Ifá e a Existência 66

CAPÍTULO 5 Os Odus 80

CAPÍTULO 6 Orixás, Irunmolés e Eborás 90

CAPÍTULO 7 Da África para as Américas 98

CAPÍTULO 8 A Criação Reinterpretada 116

CAPÍTULO 9 O Ifá Lucumí 124

CAPÍTULO 10 As Divindades Lucumís 144

CAPÍTULO 11 Odus, a Continuidade 160

CAPÍTULO 12 Aculturação e Outras Questões 184

CAPÍTULO 13 Conclusões 198

Referências 208

Índice Remissivo 218

INTRODUÇÃO

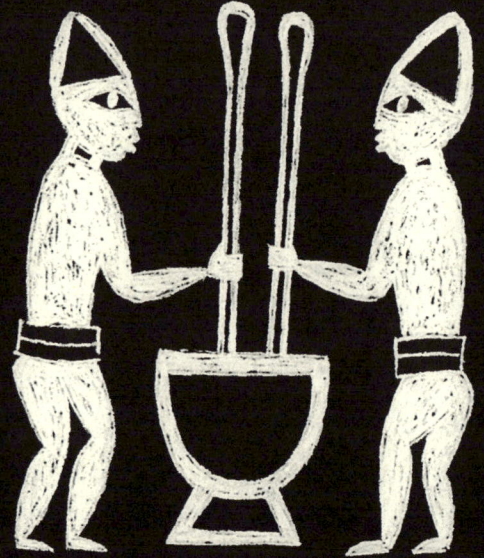

O sistema que forma o conjunto de crenças e práticas no qual se insere o Culto de Ifá, desde 1961, por resolução de um congresso de estudos teológicos realizado em Abidjan, na Costa do Marfim, é oficialmente denominado "Religião Tradicional Africana" (Altuna, 1993, p. 369). Nesse conjunto, a concepção fundamental é aquela segundo a qual todos os seres do Universo são dotados de energia ou força vital, integrando-se numa cadeia energética na qual, acima de tudo e de todos, paira o Ser Supremo, que é a Força por si mesma e a origem de toda a energia que impulsiona a Existência. Abaixo Dele, situam-se os outros seres e entidades, visíveis ou não, responsáveis pela pulsação do Universo (Lopes; Macedo, 2017, p. 248-249).

Para os iorubás, povo oeste-africano notabilizado por ter trazido para as Américas o culto às forças conhecidas como Orixás, o Universo é vivenciado e compreendido como um processo dinâmico em que forças se atraem e repelem, se equilibram e desequilibram. Segundo essa cosmovisão, o equilíbrio não configura uma harmonia estática, mas uma situação de constante movimento, de união e oposição, o que também ocorre não só na Natureza como também em dimensão sobrenatural, no universo das divindades (Adékòyà, 1999, p. 75).

COMUNICAÇÃO COM O SAGRADO

O caminho trilhado por toda religião para atingir seus objetivos finais é a comunicação com o Sagrado, ou seja, com a dimensão sagrada da Existência. Assim, os dicionários, de um modo geral, definem religião como um conjunto determinado de crenças e dogmas que regem a relação dos seres humanos com a Força Suprema acima mencionada. Em busca ou na prática dessa comunicação, as diversas religiões convergem para momentos específicos. Na religião católica esse momento é a missa; assim como, no judaísmo o são os rituais na sinagoga; e no islamismo, os realizados na mesquita ou fora dela. Na religião de Ifá, o epicentro é a consulta ao Oráculo. E isto porque os rituais não envolvem transe, já que, em Ifá, a comunição dos orixás e demais forças sobrenaturais com os humanos dá-se através das "falas" dos odus (signos), como veremos adiante. Efetivamente, Ifá é um sistema divinatório e não um "jogo", como equivocadamente se costuma identificá-lo.

Através dos séculos, várias civilizações conheceram oráculos. E o termo "oráculo" tanto pode se referir a uma divindade que responde a uma consulta de um ser humano, quanto ao santuário dessa divindade; e também à resposta dessa divindade ao que lhe foi perguntado. Ifá, entretanto, é mais ainda.

Na Antiguidade, gregos e romanos, quase sempre considerados o modelo civilizatório do chamado "mundo ocidental", nada faziam de importante sem consultar seus deuses. Na Grécia, os oráculos eram presididos cada um por um deus, e acionados por sacerdotes ou adivinhos que agiam como intermediários e intérpretes. O mais confiável e procurado de todos era o Oráculo de Delfos, assim denominado em alusão à cidade onde se localizava. E além deste, outros também se tornaram célebres, em Roma, no Egito e em outras partes do mundo.

Observe-se que o vocábulo "auspício", sinônimo de presságio, prenúncio ou augúrio, tem origem na palavra *auspicium*, do latim, assim definida: "Observação do voo e do canto de certas aves que serviam para os agouros; adivinhação, predição pelo voo, canto, modo de comer das aves" (Saraiva, 2000, p. 131). Veja-se aí, também, que a palavra "agouro" é usada no sentido geral (bom ou mau) de prognóstico, profecia, presságio,

INTRODUÇÃO

adivinhação. Como aliás é também o vocábulo árabe *awf*, que algumas hipóteses veem como tendo a mesma raiz do iorubá *Ifá* e dos correlatos *Fá*, da língua fongbé falada no atual Benim; *afa*, dos ibos do sudeste nigeriano; e do verbo *alfa* que, entre o povo fulâni da Nigéria, tem o significado de "adivinhar".

Ifá é também semelhante ao I Ching, método divinatório da tradição chinesa, cujas figuras – os hexagramas – são formadas por séries de linhas inteiras e partidas, de modo semelhante aos elementos que compõem as representações gráficas dos odus.

Independentemente de qualquer semelhança com outros sistemas ou métodos, Ifá, procuramos mostrar ao longo desta obra, é, antes de tudo, uma vertente religiosa singular, que se baseia na interpretação de prognósticos sobre situações existenciais e naturais; prognósticos esses fornecidos pelo Oráculo cujo patrono é Orunmilá.

O oponifá (bandeja ou tabuleiro) e o opelê (corrente metálica dupla com quatro elementos incrustrados em cada uma das partes) são objetos rituais fundamentais do sistema divinatório Ifá.

opanifá   opelê

IFÁ LUCUMÍ

ORIKI (LOUVAÇÃO) DE ORUNMILÁ

1. *Orunmila! Ęléri Ìpín* (Orunmilá! Testemunha do Destino)
2. *Ibikeji Olódùmarè* (O segundo depois de Olodumare)
3. *A-je-ju-Oogun,* (Muito mais eficaz que os remédios)
4. *Okitibiri, Apiwo Ikú da* (O que afasta o perigo e muda a data marcada para a morte)
5. *Oluwa mi, A-to-i-ba-j'aye,* (Meu Senhor, Onipotente salvador)
6. *Oro a-bi-ku-j'igbo;* (Misterioso espírito que combate a morte)
7. *Oluwa mi, A ji ki* (Meu Mestre, o primeiro a ser saudado de manhã)
8. *Oyígíyigí Agbayegun;* (Equilíbrio irremovível que ajusta as forças do Universo)
9. *Odudu ti indu orí emere;* (Aquele cujo esforço reconstrói a criatura de mau destino)
10. *A-tun-orí-ti-ko sowón se,* (Precioso reparador da má sorte)
11. *A-mo-i-ku.* (Aquele que Vos conhece torna-se imortal)
12. *Oluwa Àiyédè,* (Meu Senhor mal compreendido)
13. *Ogiri Ile-Ilogbon;* (Muralha da Casa da Sabedoria)
14. *Oluwa mi; amo imo tan,* (Meu Senhor de conhecimento infinito)
15. *A ko mo O tan ko se,* (Aquele que não vos conhecer completamente, fracassará)
16. *A ba mo O tan iba se ke.* (Mas o que Vos conhecer com profundidade progredirá)

(Tradução aproximada a partir de Beniste, 2010, p. 99–100, e Martins, 2012, p. 131–132.)

CAPÍTULO 1
Origens Históricas da Tradição de Ifá

Bem antes da Era Colonial, os povos depois reunidos sob a denominação "iorubás" constituíam uma federação de cidades-estados tendo como centro Ilé Ifé. E o termo *yorùbá*, significando algo como "astucioso", era usado pelos fulânis ou hauçás para denominar apenas o povo de Oyó (Bascom, 1969b, p. 5). A partir da primeira metade do século 19, através principalmente da ação de missionários religiosos, certamente para facilitar o trabalho evangelizador, e com o incentivo do poder político britânico, o adjetivo *yoruba* passou a ser usado como gentílico. Segundo algumas interpretações, isso era vantajoso para os colonizadores, por sinalizar uma possível reconciliação entre povos outrora submissos à autoridade política do alafim (*aláfin*, "senhor do palácio", rei) de Oyó e à obediência religiosa ao oni (*oní*, "senhor") de Ifé, mas que se antagonizavam. Entretanto, os naturais da "Iorubalândia", de modo geral, sempre preferiram identificar-se por seus etnônimos tradicionais: egbás, ijebus, ijexás etc. (Oliva, 2005, p. 168-169).

Então, a denominação *yoruba* (em português, ioruba ou iorubá) passou a ser usada para unificar e designar esse conjunto de povos aparentados, localizados principalmente no sudoeste do território da atual República da Nigéria e na porção nordeste do atual Benim. Esse território ocupa a parte da África Ocidental banhada pelo Oceano Atlântico, estendendo-se dele, para leste, até o delta do rio Níger, e para o norte. No extremo limite a sudoeste localizam-se os povos ewe, adangbe e ga, provavelmente pertencentes, outrora, ao mesmo grupo cultural que os atuais iorubás. Mas entre os vizinhos imediatos, os mais importantes são os borgus ou baribas e os nupés ou tapas, ao norte; e os ibos, a leste. Ao sul ficam o Oceano Atlântico e os ijos, no delta do Níger.

Na época presente, os iorubás se localizam nos atuais estados de Oyó, Ogum, Oxum e Ondo, aproximadamente. Assim,

O iorubá é uma língua falada, com variantes locais, a partir do sudoeste e do sul da Nigéria até a República do Benim, antigo Daomé, a oeste.

Os mais remotos antepassados desses falantes do iorubá viviam, principalmente, numa vasta e fértil região de floresta a sudoeste do curso do rio Níger. Tempos depois, migrantes provenientes do norte dominaram esses nativos e, já miscigenados a eles e tendo desenvolvido uma língua comum, introduziram nova forma de governo. A célebre Civilização de Nok, florescida e desenvolvida nesse ambiente, entre o século 5º AEC[1] e o século 2º EC, teria sido o centro de origem do que hoje conhecemos como "iorubás".

Habitando em pântanos e lagos ou nas florestas ao longo da costa, como também nas savanas no interior da curva do rio Níger, o antigo povo de Nok desenvolveu instituições políticas baseadas em laços e tradições familiares. Assim, por volta do século 11, os ancestrais dos iorubás de hoje começaram a formar cidades-estados que, lideradas por chefias dinásticas, foram-se fortalecendo. A história desses povos está principalmente ligada à fundação de dois importantes reinos da costa atlântica: Ilé Ifé e Oyó. O primeiro foi governado por Odudua, que o teria fundado por volta no século 13.

Vale acentuar que uma das lendas sobre a fundação do antigo reino do Benim – que não corresponde ao atual Benim, então chamado Daomé, e cuja capital se localizava na porção leste do atual território nigeriano – reproduz, de certa forma, o mito mais difundido sobre a Criação do Mundo em Ilé Ifé.

---

[1] Quando falamos de diferentes povos e sociedades e devemos citar a escala cronológica adotada universalmente para fins "civis", é melhor utilizar a divisão do tempo em Era Comum (EC) e Antes da Era Comum (AEC). Essa escala tem o mesmo "ponto zero" e as mesmas divisões da Era Cristã, mas não se refere a uma religião específica.

Nesse relato, uma ave desce do céu, seca as águas que cobriam a Terra e, sobre o chão seco, cria o país. Uma segunda lenda atribui a fundação a migrantes vindos de um lugar mais a leste ou do "Oriente" longínquo, os quais, juntamente com outros grupos locais, teriam estabelecido seu reino em uma Ilé Ifé já existente desde os tempos primordiais. Alguns deles deixaram mais tarde o país, seguindo em direção ao sul. Já o reino de Oyó tem sua fundação atribuída a Oraniã (Ọ̀rànyàn), filho ou neto de Odudua (Lopes; Macedo, 2017, p. 238).

No antigo Benim, os descendentes de Oraniã comerciavam com povos da floresta e da região do Sael, nos limites do deserto. E a atividade comercial foi decisiva para o apogeu vivenciado mais tarde. Assim, enquanto Ilé Ifé ganhava proeminência como centro emanador do poder religioso dos diversos grupos falantes do iorubá (então chamados "oiós", "ifés" etc.), o reino de Oyó destacou-se como força militar e política, mas também reverente ao oni (senhor) de Ifé, desempenhando papel importante nas relações com povos vizinhos, como nupês (tapas) e borgus (baribas). Prováveis relações com os hauçás teriam levado os iorubás de Oyó a participar também do comércio através do Saara, já no século 14. Nesse intercâmbio, Oyó comerciava noz de cola (obi), manteiga de carité e outros produtos naturais, além de adquirir cavalos e sal em pedra, provenientes do norte (Alagoa, 2010, p. 528).

Por esse tempo, as cidades, mesmo fazendo parte de um reino maior, eram unidades independentes. Em Oyó, por exemplo, o principal governante era o alafim, visto como um rei divino. Por isso, os reinos e cidades sob seu domínio eram governados indiretamente, através de representantes políticos locais que gozavam de larga autonomia (Gordon, 2003, p. 27). Quanto a Ilé Ifé, a importância política de que desfrutou nos tempos antigos foi completamente ofuscada pelo surgimento de outras metrópoles dela originadas. Mas a velha cidade mãe ainda é considerada por muitos dos iorubás contemporâneos como o lugar santo onde os orixás e os humanos surgiram sobre a Terra, enquanto Oyó é a sede do poder político.

Entretanto, Oyó também segue, até hoje, a tradição comum. Tanto que os ritos anuais em honra de Ifá acontecem nove dias após o festival de Xangô, no mês de julho do calendário gregoriano, que desde o século 16 é o calendário "civil" de uso universal. Durante as celebrações, o alafim se mostra em público, com suas vestes de cerimônia e portando seus principais paramentos e insígnias (Palau Martí, 1964, p. 37).

DESDE A ANTIGUIDADE

A tradição de Ifá remonta aproximadamente ao século 5º da Era Comum e servia, notadamente em Oyó e Ifé, em todos os momentos da vida, inclusive na escolha dos governantes. Observe-se que, por volta do século 9º, a prática de escolha de reis por processos divinatórios era conhecida também em outras sociedades africanas, como no Kanem-Bornu, na região do Lago Chade; entre os uolofes e sereres do atual Senegal e também entre os xonas do Zimbábue (Lopes; Macedo, 2017, p. 45). Vale, entretanto, destacar que a prática divinatória de Ifá caracteriza-se como uma forma especial de geomancia.

Método imemorial de consulta a divindades, a geomancia consiste em traçar pontos sobre uma superfície coberta de terra (o nome vem do grego *ge*, terra + *manteia*, adivinhação) e aí lançar ao acaso pedras e outros elementos naturais para, a partir das configurações formadas sobre a terra, deduzir as respostas às perguntas feitas. De modo similar ao que se faz em Ifá.

CAPÍTULO 1 · ORIGENS HISTÓRICAS DA TRADIÇÃO DE IFÁ

Uma das versões escritas sobre a origem de Ifá é descrita em uma coleção intitulada *De Olofin al hombre* (Espinosa; Piñero, 1997). Da autoria de Félix R. Espinosa e Amadeo Piñero Napoles, ambos citados em diversos locais como babalaôs cubanos, trata-se de obra importante. Este trabalho circulou a partir de Cuba, chegando a nós ainda na década de 1990, e seus textos têm por base narrativas do corpo literário de Ifá, algumas das quais foram traduzidas e adaptadas para esta obra.

Um dos relatos diz que, num certo momento, Orunmilá teria descido à Terra para estabelecer uma prática religiosa que pusesse freio ao mal que já grassava no Planeta. Para tanto, teria escolhido um ponto equidistante em relação a todos os núcleos populacionais conhecidos. E esse ponto situava-se às margens do rio Nilo, no território do Egito.

Sob o nome Nefer ou Onofre, o grande Orunmilá teria estabelecido as regras do culto e os requisitos indispensáveis para a iniciação de adeptos, da mesma forma que teria facilitado a criação e a aquisição dos instrumentos e materiais para a prática, naquele tempo e lugar. Assim, segundo esta versão, por determinação de Olofim, riscou os dezesseis signos iniciais do Oráculo sobre uma misteriosa pedra branca de forma retangular, instruindo sacerdotes nas técnicas da consulta oracular, bem como nos rituais secretos para transformar o destino; e também em técnicas medicinais e curas magnéticas.

Segundo esta versão, com o passar dos tempos, ao redor do centro onde se reuniam os adeptos criou-se um império, que dominava vastas e diversas regiões e no qual alguns entes divinos encarnaram em crianças predestinadas a ser faraós ou grandes sábios sacerdotes. Esses reinos realizaram, conforme esta versão, obras de construção enigmática, com proporções até hoje surpreendentes. Nessa civilização foi que Orunmilá teria reencarnado em diversas ocasiões como profeta de

Ifá, tendo elaborado um "Livro Sagrado", cujos restos teriam chegado até o presente. E, apesar das transformações por que tem passado a Humanidade, cumpriu-se o desígnio de que seu culto prevaleceria, como realmente prevaleceu, até os dias que hoje vivemos.

Esta versão sobre a origem de Ifá é provavelmente inspirada em escritura da Maçonaria, sociedade de segredos, só acessível a iniciados, dentro de uma hierarquia. A menção a uma "misteriosa pedra branca, de forma retangular", onde teriam sido escritos os signos do Oráculo, parece remeter ao episódio bíblico dos Dez Mandamentos. Entretanto, a teoria da ancestralidade egípcia dos antigos iorubás, embora polêmica, não é absurda, sendo acolhida por autores respeitáveis, como Cheikh Anta Diop e J. Olumide Lucas (cf. Lopes, 2011, p. 168). Além destes, o historiador e linguista congolês Théophile Obenga estabeleceu importantes ligações do Antigo Egito com diversas sociedades africanas, como a dos iorubás (Obenga, 1996, p. 265).

A SAGA IORUBÁ

Desde o fim do século 17 até o final do 19, a história dos atuais iorubás, a partir de Oyó, foi uma sequência de longas ou reiteradas campanhas militares contra inimigos, como os do reino do Daomé (tambem chamado Abomé, o nome da sua capital).

Os daomeanos lutavam por autossuficiência e independência; e os iorubanos exportavam escravos através do porto de Uidá, no Daomé. Em 1698, a cavalaria de Oyó invadiu Aladá, reino do povo adjá (*arará* em Cuba), no sul do território daomeano. Depois disso, Oyó, o maior e mais poderoso dos reinos constituídos pelos falantes da língua iorubá, enviou sua cavalaria contra Abomé em 1724 e 1728 e, como resultado, o rei de Abomé, Agadjá Trudo, viu-se forçado a pagar o tributo anual exigido pelo alafim, monarca de Oyó.

No final desse século 18, o líder dos muçulmanos fulânis, Usman dan Fodio, iniciou sua *jihad* (guerra santa). Pouco mais tarde, as forças sob seu comando submeteram os hauçás e depois os nupês, que eram os mais próximos vizinhos dos iorubás ao norte.

A partir de 1820, e por cerca de dez anos, o território dos povos falantes da língua iorubá foi sacudido por violentos conflitos interétnicos, até que, por volta de 1830, com a antiga cidade destruída, foi fundada a nova Oyó. Após este evento, o alafim Atibá, buscando retomar a importante cidade de Ilorin aos fulânis muçulmanos, conseguiu uma vitória parcial. Essa vitória salvou os iorubás da total absorção pelos muçulmanos fulânis, mesclados aos hauçás, mas os conflitos prosseguiram até a intervenção britânica, meio século depois.

Quanto ao reino de Daomé, com algumas interrupções, que levaram os exércitos de Oyó repetidas vezes à capital Abomé, a vassalagem continuou por um século, até 1827, período em que Oyó interveio por diversas ocasiões nos negócios internos e externos do reino. Na mesma região, a oeste, o reino de Aladá (as vezes mencionado como Arda ou Arada) também pagava tributo a Oyó, provavelmente desde sua queda.

Contudo, disputas entre dinastias contribuíram para enfraquecer o reino. Assim, o alafim Afonjá aliou-se aos muçulmanos e, somando aos seus efetivos um crescente número de guerreiros convertidos ao islamismo, deu ensejo a uma sequência de incursões às proximidades de outros núcleos de falantes do iorubá, capturando grandes contingentes de pessoas e vendendo-as como escravos e escravas.

Com inúmeros outros desdobramentos, envolvendo a maioria dos povos falantes do iorubá – os quais ecoam em diversos odus de Ifá, mostrando a dubiedade das relações de Oyó com os muçulmanos –, essa longa sequência de guerras foi responsável pelo colapso do grande Império, que se desintegrou completamente, dando lugar a vários reinos pequenos e pobres, sob forte influência islâmica. Por fim, as guerras abriram caminho para a intervenção britânica e a posterior anexação pelos ingleses de todo o território dos falantes do iorubá, que denominaram *Yorubaland*, em português Iorubalândia, estabelecendo a capital colonial na cidade de Lagos, à margem do Oceano Atlântico.

Este foi, em suma, o contexto da vinda para as Américas das lideranças religiosas que aqui reconstruíram, na medida do possível, as tradições oeste-africanas, com destaque para as jeje-iorubanas do reino de Queto (*Ketu*) no Brasil e as chamadas lucumís em Cuba, emanadas principalmente de Oyó, como veremos adiante.

IFÁ EM OYÓ

A tradição de Oyó classifica os babalaôs, sacerdotes de Ifá, numa gradação hierárquica que compreende dezesseis posições, começando nas de *Aràbà*, Oluó e *Ojùgbònà*, e incluindo as de *Akóda, Aseda, Erinmi, Aransan, Balesin, Otun Awo, Osi Awo, Èkejo Awo, Alara, Ajero, Owarangun, Obaleyo, Agbonbon*. Dentro dessa hierarquia, somente os *Aràbà* possuem o *igbádù*, a "cabaça da existência" (Abímbọ́lá, cit. por Martins, 2012, p. 54–55).

Esse elemento, um recipiente hermeticamente fechado, e também referido como *igbá ìwà*, é, entre os iorubás, a mais conhecida representação do Universo e da vida nele contida:

a metade inferior representa o Aiê (*Aiyé*), o mundo dos vivos; e a superior, Orum (*Ọ̀run*), o mundo sobrenatural, morada das divindades, cujo senhor é Olorum (*Ọlọ́run*). Ele contém em seu interior diversos componentes rigorosamente secretos, cujos significado e natureza são de conhecimento apenas dos arabás, os babalaôs de mais alta hierarquia (Santos, 1976, p. 58). Na Nigéria, o arabá, também conhecido como *bàbálodù*, é geralmente o babalaô mais velho de sua região ou comunidade; e recebeu o *igbá ìwà* ou *igbá odù* (*igbádù*) por sua reconhecida sabedoria e honorabilidade.

De um modo geral, o babalaô serve como sacerdote oficiante para os demais membros da comunidade dos seguidores de Ifá, consultando o oráculo para eles e oferecendo os sacrifícios. Assim, seu aprendizado requer a memorização de pelo menos quatro de cada um dos milhares de parábolas (itãs) existentes para cada um dos 256 diagramas, figurações ou signos (odus) passíveis de ocorrerem como resultado das manipulações dos instrumentos de consulta, tanto os caroços ou sementes de dendezeiro (iquines) como a corrente dupla (opelê). E quanto mais parábolas ele conheça, sabendo associá-las corretamente às situações que se apresentem, interpretando suas causas e efeitos, mais sábio ele será.

Usando o opelê, o babalaô poderá também interpretar apenas como simplesmente negativa ou positiva a resposta a uma pergunta. Executando seguidamente dois arremessos do instrumento, e observando, nas duas caídas sobre a esteira, qual é a configuração de mais alta categoria, começando pela combinação 1111 e terminando na 2121 (veja Capítulo 2, seção "Teoria e Prática Específicas"), ele obterá a resposta. Se a segunda for mais alta que a primeira, a resposta será positiva.

Segundo uma das tradições, o opelê teria sido inventado por Exu, num momento em que Orunmilá, alvo da inveja de entidades malévolas, foi acometido de lepra, perdendo os dedos. Vendo que o Grande Benfeitor não podia mais manusear os iquines, Exu-Elegbara criou para ele o opelê (cf. Ogundipe, cit. por Silva, V., 2015, p. 101).

Por fim, observe-se, com Bascom (1969b, p. 71), que as mesmas 256 figuras do Sistema de Ifá aparecem no sistema chamado *Sikidy* em Madagascar, no *Abigba* da Nigéria, que aliás também utiliza nozes de cola e búzios, bem como em práticas de povos islamizados do oeste e do norte africanos. Mas segundo o renomado autor, Ifá é o mais prestigioso de todos.

Acrescentemos que o babalaô iorubá e o *bokonon* de Fa, seu correspondente entre o povo fon do atual Benim, são conhecidos por seu vínculo com Ossaim, o orixá das folhas, associado à cura e ao preparo de medicamentos (Parés, 2016, p.117).

CAPÍTULO 2
O Culto a Orunmilá

Ifá é, então, o oráculo (sistema de consulta) através do qual fala Orunmilá, a divindade iorubana do saber, da ciência, do conhecimento teórico e prático. Mas de tal forma a divindade se confunde com o oráculo, que os nomes Ifá e Orunmilá designam tanto a divindade quanto o veículo de sua comunicação.

Ifá é um sistema completo; e assim desempenha um papel prático bastante significativo na religião tradicional iorubá, oferecendo respostas e soluções para todas as questões existenciais. Seu profundo saber emana de sua importância como representação de uma das Divindades Superiores do panteão iorubano, as quais são responsáveis por todos os aspectos da vida das comunidades iorubás e sociedades vizinhas, como as dos edos e itsekiris nigerianos; dos ewe do Togo (onde é conhecido como *Afa*); fons do Benim (*Fa*); e do povo ga de Gana.

Nos países da Diáspora, especialmente no Caribe, no Brasil e nos Estados Unidos, esta vertente religiosa, repetimos, vem se expressando também através de formas sincréticas, como o candomblé e a *santería*, entre outras. Nessas religiões afro-americanas, muitos dos fundamentos litúrgicos (cores, cânticos, oferendas, rituais, uso de ervas medicinais etc.) estão ligados aos saberes de Ifá. Por isso, a maior parte das divindades são as mesmas, em Cuba, no Brasil e nos Estados Unidos, por exemplo.

Em termos filosóficos, segundo essas religiões, do nascimento ao fenecimento de todos os seres do Universo, tudo começa e termina em Ifá. E se expressa em um imensurável conjunto de ensinamentos, contido nos milhares de relatos míticos (antes puramente orais e agora já escritos) que são matéria fundamental e específica do Culto de Ifá-Orunmilá.

Veja-se, ainda, que as respostas do oráculo Ifá são muitas vezes dadas sob a forma de enigmas. E sobre isso, o grande pensador afro-brasileiro Muniz Sodré – também um adepto da religião dos orixás –, reportando-se à Antiguidade, grega ou não, cita uma sentença do odu Ofun Mêji, um dos dezesseis principais de Ifá. Nela, a resposta do Oráculo, sobre os cabelos brancos da velhice e o saber que o envelhecimento pressupõe, vem em forma de enigma: "O sabão se dissolve na cabeça e desaparece, mas a cabeça continua no mesmo lugar." (Sodré, 2017, p. 157).

ORUNMILÁ E SEU CULTO

Na teoria das divindades iorubás, Orunmilá (também referido como *Elá, Agbonmiregun, Ikú-forijin, Aláàjikí, Okiti-biiri* e *Oyigiyigi*, que são alguns de seus epítetos) é cultuado, juntamente com Odudua e Obatalá, como uma das Altas Divindades que protagonizaram a Criação do Mundo. Alguns estudiosos, como J. D. Clarke, citado em Abraham (1981, p. 276), chegam a considerá-lo o supremo orixá, dando seu nome "Orunmilá" como um dos epítetos de Olodumare. A razão, entretanto, parece estar com o sábio arabá de Ifé, segundo o qual "Ọ̀rúnmìlà não foi criado: é o primeiro filho de *Elédùmàrè* (ou *Olọ́dùmaré*), o irradiador de todos os conhecimentos e transmissor da sabedoria aos homens" (Adékòyà, 1999, p. 63).

Em outra linha de fundamentação, algumas hipóteses querem fazer crer que o culto a Orunmilá, remotamente originário do Egito, teria sido introduzido entre os iorubás depois daqueles dedicados aos outros orixás. Segundo uma outra versão, Ifá teria sido um adivinho nascido em Ifé, líder fundador da cidade de *Ìpétumodù*. Sobre ele, diz-se que teve dezesseis discípulos, dos quais vieram os nomes dos dezesseis odus do sistema divinatório que criou (Abraham, 1981, p. 276), como descrito no Capítulo 10. Esse sistema é também integrado pelo conjunto de escrituras em que se expressam os presságios fornecidos pelos iquines, os caroços do dendezeiro; e do opelê, a corrente com as cascas vegetais côncavas, melhor explicadas adiante. Uma outra interpretação diz, mais, que Orunmilá é a Divindade que representa Ifá na Terra. De temperamento tranquilo e preciso, simboliza o futuro e é o dono da escrita, porque "escreve" pelos orixás e ensinou aos babalaôs como "escreverem" os textos nos seus tabuleiros ou bandejas de adivinhação, os oponifás. Desta forma, é sempre visto como um erudito, um sábio, por causa de todo o conhecimento e de toda a sabedoria dos odus, que são os textos em forma de parábolas que contêm seus ensinamentos. Quando qualquer orixá deseja um sacrifício, um alimento especial, é através de Orunmilá e do oráculo Ifá que ele envia sua mensagem aos humanos. É também Ele que transmite e interpreta para a humanidade os desejos de Olorum, e é quem prescreve os sacrifícios que Exu leva até o Orum (Ọ̀run), onde moram as divindades iorubás.

Segundo um entendimento generalizado, Orunmilá, porta-voz de Olofim, e Exu, mensageiro dos orixás e dos homens, se complementam. O primeiro, como revelador e esclarecedor, em suas verdades e significados, da ordem natural das coisas, com suas causas e efeitos, estabelecida pelo Ser Supremo. O segundo, personificando o devir, o inesperado, a supresa, os caprichos da natureza, expressa a força de tudo o que é contrário à ordem estabelecida. Um é o destino, outro é o acidente; um é a lógica, o outro, o paradoxo. E por isso se completam. Orunmilá é, enfim, o irradiador de todos os conhecimentos e o transmissor da Sabedoria aos seres humanos. E esses saberes é que fundamentam a prática da Religião Tradicional dos iorubás (Adèkọ̀yà, 1999, p. 63).

Ifá é, então – repetimos –, o oráculo através do qual fala Orunmilá, e, ainda, o conjunto de escrituras em que se baseia o sistema de adivinhação por meio dos iquines e do opelê. E Orunmilá é o dono da escrita, porque "escreve" pelos outros orixás e ensinou aos babalaôs a "escrever" os textos nas suas bandejas ou tabuleiros de adivinhação, os oponifás. Também é um erudito, um sábio, por deter todo o conhecimento e toda a sabedoria dos odus, que são os textos e signos oraculares de Ifá. E é, ainda, um mediador entre os orixás e os seres humanos. É também Orunmilá quem transmite e interpreta para a humanidade os desejos de Olofim, e é quem prescreve os sacrifícios que Exu leva até o Orum.

Ressaltemos que o culto de Orunmilá não comporta transe ou possessão, formas usuais de comunicação das divindades africanas com o mundo terreno. E isto porque Orunmilá se comunica especialmente através de seu Oráculo, Ifá.

TEORIA E PRÁTICA ESPECÍFICAS

Como veremos no Capítulo 7, o fato de, no Brasil, a prática divinatória de Ifá não ter, durante muito tempo, feito nascer ao seu redor comunidades de culto, levou os estudos sobre o assunto a caracterizarem-na como atividade secundária, subsidiária, exercida por especialistas aos quais babalorixás e ialorixás recorriam quando necessário. Mas, com o tempo, e a partir de Cuba, pelo menos no que nos foi permitido conhecer, o Oráculo deu nascimento a um culto específico. Assim, Ifá e Orunmilá, sistema divinatório e divindade, passaram a formar um todo uno e indivisível.

Nesse conjunto, Ifá tem por finalidade, analisando a conjuntura espiritual do consulente ou do assunto objeto da consulta, anunciar as perspectivas que se apresentam com o fim de neutralizá-las, se negativas, e potencializá-las, caso positivas. Na consulta, o babalaô manipula dezesseis iquines (nozes ou caroços de dendezeiro, a palmeira do dendê), formando um punhado na mão esquerda, e procurando pinçar a maior quantidade do monte, com a mão direita, de forma a deixar apenas um ou dois caroços. Se, na tentativa, permanecer na mão apenas uma noz, o babalaô riscará, sempre com o dedo médio da mão direita, dois traços verticais paralelos no pó (ierossum) previamente espalhado no tabuleiro (oponifá). Se permanecerem duas nozes, ele riscará um único traço. E se permanecerem mais de duas, a tentativa, nula, terá que ser repetida.

Quatro de cada uma dessas marcas riscadas irão constituir a metade de uma figura com dezesseis formatos possíveis. Segundo a classificação reconhecida a partir de Ifé, a capital religiosa dos iorubás, e escrevendo-as da esquerda para a direita e do alto para baixo, essas combinações binárias podem ser assim representadas: 1111; 2222; 2112; 1221 etc. A ordenação estabelece uma espécie de hierarquia pela ordem de "chegada" (nascimento ritual) de cada uma das figuras, que simbolizam os signos (odus) de Ifá.

A segunda metade a ser marcada no pó do tabuleiro, em coluna vertical paralela à anterior, deverá também apresentar, como a primeira, uma das dezesseis formas possíveis. Disso se depreende que o total de combinações perfaz 16 vezes 16, ou seja, 256 figuras. E este é o primeiro conjunto de signos (odus) do sistema divinatório de Ifá, de acordo com as regras da análise combinatória, ramo da matemática que compreende o cálculo infinitesimal e a teoria das funções.

IFÁ E MATEMÁTICA

Façamos aqui uma breve digressão para observar, segundo pesquisas arqueológicas efetuadas principalmente nas porções central e austral do continente, que, desde a pré-história, ideias matemáticas foram desenvolvidas na África. Mas foi na Antiguidade, no Egito faraônico, por volta de 1650 AEC, que o continente apareceu como o "berço da matemática", na descoberta arqueológica de uma coleção de problemas com cálculos formulados e selecionados.

Durante o período do domínio grego, muitos cientistas matemáticos célebres, como Euclides, estudaram e pesquisaram no Egito. E após o advento do islamismo, o norte da África, do território egípcio ao Marrocos, foi fundamental no desenvolvimento da álgebra na cultura muçulmana. Inclusive, um sábio marroquino, Al Munim, falecido em 1228, destacou-se na descoberta dos fundamentos da análise combinatória. Esta expressão designa o ramo da matemática que permite enumerar as combinações com que se formam os elementos de um conjunto finito. Modernamente, ele está ligado à Ciência da Computação, a qual, entre outras possibilidades, cria a de computar, contar e executar, instrução após instrução, os programas contidos na memória do computador.

Esses programas são informações codificadas segundo uma representação binária. No Sistema Ifá, eles são representados pelos itãs; e as instruções são os odus, signos ou "letras". A cada odu que aparece, o Sistema localiza os itãs correspondentes. Eles representam a solução recomendada para o problema apresentado na consulta. E aí está a tecnologia criando e fazendo uso de um conjunto de regras destinadas à comunicação com o Sagrado, para assim resolver os problemas da vida das pessoas e das comunidades.

VOLTANDO AO OPONIFÁ

Retomando a descrição do método de consulta a Ifá, vejamos que, numa prática alternativa, embora menos confiável, o babalaô pode chegar de modo mais rápido às mesmas figuras através do simples arremesso do opelê. A corrente dupla, com quatro elementos côncavos em cada "perna", é segura pelo meio e atirada com delicadeza no oponifá ou sobre uma esteira, de modo que cada uma das "pernas" caia formando uma figura. A caída de um elemento com a superfície côncava interior voltada para o alto, "aberta", corresponderá a um traço vertical (1). E à caída com a concavidade para baixo, "fechada", corresponderá uma marca dupla, de dois traços verticais (2).

Tanto utilizando as sementes de dendê (iquines) quanto a corrente (opelê), tendo chegado à figura completa, com duas colunas paralelas de quatro marcas verticais cada uma, o babalaô terá vislumbrado o primeiro signo (odu) que responde à consulta. Entretanto, ele deverá vislumbrar mais dois, considerados "testemunhas". E, combinando os três, já terá a possibilidade de transmitir ao consulente a mensagem do Oráculo.

Os odus expressam-se através de itãs (*itàn*), relatos míticos em forma de parábolas ou enigmas, introduzidos por provérbios alusivos. Com essas parábolas são prescritas as providências, potencializadoras ou desmobilizadoras, de acordo com a situação que se apresenta. E isto para que se obtenham os benefícios desejados, removendo barreiras acaso existentes, ou se interrompa o curso de infortúnios anunciados, iminentes ou futuros.

A peça mestra do ritual de consulta a Ifá é, sem dúvida, o oponifá, espécie de prancha ou tabuleiro de madeira, redondo ou retangular, com bordas espessas – para reter o pó ierossum sobre o qual são traçados os signos do destino. Nele são riscados pelo babalaô, com os dedos médio e indicador da mão direita – repetimos –, as figurações dos odus que aos poucos vão sendo revelados pela manipulação dos iquines, os coquinhos de dendezeiro. Nas bordas, esse tabuleiro tem, tradicionalmente, entalhadas figuras simbólicas e, entre elas, a predominante é sempre uma cabeça estilizada, representando Exu-Elegbara, cujos olhos enormes, segundo alguns observadores, parecem fiscalizar o andamento do ritual. Em geral, o mesmo motivo figura nos quatro pontos cardeais do oponifá, sendo que algumas interpretações indicam que esse posicionamento corresponderia, consoante a tradição, ao fato de que Ifá esquadrinha os quatro cantos do mundo, e que nada pode escapar ao seu conhecimento.

A decoração da moldura do objeto é completada por motivos geométricos, e ocasionalmente por representações de animais, como também por elementos destinados a guiar a interpretação dos babalaôs. A fim de lhe garantir sua plena eficácia, o oponifá, quando não está sendo utilizado, deve ser conservado na escuridão, com a face superior virada para baixo ou coberta com um tecido. Assim, a imagem de Exu-Elegbara permanece convenientemente protegida (Falgayrettes-Leveau, 2005, p. 57).

Segundo observação do arqueólogo Leo Frobenius, feita na Nigéria em uma das primeiras décadas do século 20, dos símbolos tradicionalmente entalhados no tabuleiro, na representação dos pontos cardeais, a face de Exu marca o ponto superior do tabuleiro, que aponta para o nascente (leste), direção à qual o babalaô deverá dirigir seu pensamento e suas invocações. Os demais pontos (norte, sul e oeste) são também marcados por entalhes de significado esotérico, acessível apenas a iniciados. O ponto superior do oponifá é domínio do odu Eji Ogbé; o inferior é de Oyeku Mêji; o da direita pertence a Iwori Mêji e o da esquerda a Odi Mêji. O significado desses odus é matéria de um dos capítulos seguintes.

Consoante Frobenius, citando velhos babalaôs que ouviu na África, o oponifá é uma representação do planeta Terra, no qual, por determinação de Olodumare, cada quadrante é o domínio de um dos quatro primeiros odus de Ifá. Nele, nos caminhos que vão de uma a outra das quatro direções, o de leste-oeste é o principal e o de norte-sul vem depois dele. Pela via principal, Exu-Elegbara vai visitar Xangô; e pela segunda, Obatalá visita Ogum e vice-versa. Assim, por essa construção mítica, torna-se claro que, nos quatro compartimentos do Universo, o leste (nascente) é de Exu, o oeste (ocidente) é de Xangô, o norte é de Obatalá e o sul é de Ogum (Frobenius, 1949, p. 255).

XANGÔ CEDE O OPONIFÁ A ORUNMILÁ

Diz Ifá que, no princípio dos tempos, por determinação de Olofim, Xangô é quem tinha o domínio das artes divinatórias. Sua inteligência, sua fidalguia e outros poderes de que dispunha, fizeram-no merecedor desse privilégio; e assim ele atendia e ajudava muita gente. Mas o temperamento de Xangô era mais para festeiro e farrista do que para o de um sábio conselheiro. Então logo se percebeu que ele gostava mais de dançar ao som dos tambores, em companhia de belas mulheres, do que de ficar concentrado na interpretação do que lhe dizia o Oráculo. Até que reclamações sobre suas preferências chegaram a Olofim. E a elas se juntaram os sentimentos de outros seres divinos que ansiavam merecer o privilégio que Xangô tinha recebido e ao qual não dava muita importância.

Uma noite, numa festa, Xangô, muito alegre e muito vaidoso com a sensação que sua presença causava, dançou melhor do que em todos os muitos festejos a que já tinha ido. Mas logo reparou na presença de um outro dançarino, tão bonito e insinuante quanto ele; e que dançava mais bonito ainda, ao compasso dos tambores.

Pressentindo o perigo que existe em toda e qualquer competição, ao final da festa Xangô pediu ao impressionante bailarino que lhe ensinasse o segredo de sua dança espetacular. No que este concordou, com a condição de que, em contrapartida, Xangô lhe desse os apetrechos que usava para consultar o Oráculo.

Dito e feito. E o surpreendente dançarino era Orunmilá que, desde então, assumiu o domínio do sistema divinatório de Ifá. E que, em homenagem a Xangô, estabeleceu que todo babalaô, quando iniciado nos mistérios de Ifá, tenha a cabeça raspada e pintada, metade de branco, metade de vermelho. O branco simboliza Obatalá, pois foi de quem se valeu Olofim para fazer Xangô entregar os objetos rituais de Ifá. E o vermelho é exatamente Xangô, que foi o primeiro detentor do poder de "conversar" com o Oráculo Ifá.

(Fernández Robaina, 1997, p. 32)

Observemos que, na literatura de Ifá, Xangô é a essência da vida e Orunmilá, a imparcialidade. Neste relato, embora sendo então o senhor das artes divinatórias, Xangô percebeu que o imparcial Orunmilá seria mais útil ao oráculo, e portanto à Vida, do que ele próprio.

IMPORTANTE CORPO LITERÁRIO

Como assinalado em Fernández Martínez (2005, p. 164–165), no universo da cosmovisão afro-cubana há um mundo de infinitas permutações, no qual seres divinos, forças da natureza, objetos, plantas, rochas e animais se interrelacionam. Nesse mundo, os contos (itãs) vinculados ao sistema Ifá – contados e memorizados pelos sacerdotes, bem como pelos adeptos, e lembrando os avatares, "qualidades" ou "caminhos" das divindades –, sobrevivem e atravessam os anos. Alguns são lendas que explicam os porquês de fenômenos e acontecimentos, outros são parábolas mitológicas e outros mais são fábulas que quase sempre têm importante fundo ético ou moral.

Consistindo de início num corpo literário de 256 "capítulos", subdivididos em partes cujo número exato é desconhecido e talvez continue aumentando, cada um dos odus tem seu significado específico, que é interpretado e explicado pelo babalaô. Eles expressam a história, a língua, crenças, cosmovisão e questões sociais contemporâneas dos iorubás. Esses conhecimentos foram preservados dentro das comunidades e transmitidos entre sacerdotes, apesar do domínio colonial e das fortes pressões religiosas contrárias.

Entretanto, na África contemporânea, os babalaôs, em grande parte bastante idosos, dispõem de poucos meios para manter a tradição, transmitir seus conhecimentos complexos e treinar futuros sacerdotes. Como resultado, os mais jovens estão, de um modo geral, perdendo o interesse em consultar e praticar Ifá ou vivenciar outra qualquer forma tradicional de cultura. Não obstante, o *corpus* literário de Ifá, formado por obras anônimas que narram problemas enfrentados e solucionados por personagens míticos, deuses e homens (Reis, 2008, p.131), continua sendo uma importante fonte de informação sobre os valores dos iorubás e seu sistema de crenças. Como porta-voz das divindades, Ifá é a "arca do tesouro" dos mitos e dogmas morais referentes a todas elas (cf. Abímbólá, 1996, p. 98). E isto porque, além dos textos literários, concentra um conjunto de saberes ancestrais praticados por diversas comunidades de descendentes biológicos ou religiosos dos iorubás. Devido a essa importância, o sistema divinatório Ifá foi inscrito, em 2008, na lista da Herança Cultural Intangível da Humanidade, instituída pela Organização das Nações Unidas para a Educação, a Ciência e a Cultura (Unesco, 2018).

PATRIMÔNIO DA HUMANIDADE

A distinção, pela Unesco, de uma expressão cultural tradicional como "patrimônio imaterial da humanidade" é o reconhecimento do objeto dessa distinção como um bem que, por sua alta importância, precisa ser protegido e preservado. Desde 1997, a Unesco escolhe, a cada dois anos, os bens merecedores dessa distinção. Assim, em 2008, o sistema divinatório Ifá, nascido entre o povo iorubá, teve reconhecida sua importância como um bem intangível, intocável, de toda a Humanidade.

Isto se deu, primeiro, por Ifá ser uma tradição imemorial preservada por diversos grupos de indivíduos para gerações futuras, em respeito à sua ancestralidade. Depois, pela riqueza desta tradição, que compreende de matemática (análise combinatória) a artes visuais (finos entalhes artísticos esculpidos nas peças artesanais que utiliza).

Como destacou o professor Adriano Migliavacca (2018), especialista em literaturas de língua inglesa atuante na Universidade Federal do Rio Grande do Sul, Ifá encerra em seus "textos mitopoéticos" uma ampla variedade de formas de linguagem, com intervenções poéticas ricas em metáforas e alegorias. Não por acaso, um dos maiores especialistas no tema, o linguista Wande Abímbọ́lá, também babalaô, em seus estudos aborda Ifá principalmente pelo aspecto linguístico e literário. Ademais, destacando a complexidade deste valioso Sistema, acrescenta o mencionado professor da UFRGS que Ifá, indo além de sua função oracular, divinatória, não só engloba literatura, artes visuais, matemática e filosofia, como, também, articula todos esses saberes.

CAPÍTULO 3
O que é Ifá

Mais que um oráculo, Ifá, por envolver várias e complexas formas, é um **sistema oracular,** divinatório, de uso exclusivo de babalaôs, sacerdotes da tradição religiosa oeste-africana difundida no continente de origem e na Diáspora, pelo tráfico de escravos. Nas Américas, seu nome é também usado para identificar a divindade Orunmilá, que "fala" através do sistema.

ORIGENS E DIFUSÃO

Expressão religiosa, filosófica e de compreensão da vida, o sistema Ifá foi concebido no seio do conjunto de povos hoje localizados a partir do sudoeste da atual República da Nigéria e em partes das atuais Repúblicas de Benim e Togo, na África Ocidental. Esses povos, como já vimos, embora culturalmente aparentados, constituíram organizações políticas autônomas até o século 19, quando foram arbitrariamente unificados por ação do colonialismo europeu. Mas nesse momento já obedeciam à liderança política do reino de Oyó e a tradições filosóficas irradiadas do reino de Ifé. Assim, do intercruzamento dessas raízes de pensamento e ação política, os saberes emanados do Oráculo Ifá difundiram-se entre o conjunto de povos hoje chamados iorubás e também entre povos vizinhos.

A consulta a Ifá, detalhada em outra parte desta obra, consiste num ritual oficiado por um sacerdote especialmente iniciado e instruído, o babalaô. Manuseando instrumentos especificamente sacralizados, ele leva ao oráculo as indagações do consulente, as quais são paulatinamente respondidas pelos odus, signos através dos quais Ifá se comunica, e cujo significado é detalhado no Capítulo 5. O conjunto desses signos, identificados por grafismos que são desenhados no tabuleiro chamado "oponifá" ou "até", remetem a parábolas cujos significados, convenientemente interpretados, vão dar ao consulente as orientações sobre como proceder na busca de soluções para seus problemas.

Observe-se que, como o chinês *I Ching* (o vocábulo *ching* é traduzido em português como "livro"), Ifá constitui, além de um sistema divinatório, um conjunto de normas de comportamento, emanadas das divindades iorubás; e assim, pelos saberes que concentra, é também considerado, pela tradição, um livro – embora só na atualidade esses saberes comecem a aparecer escritos de forma sistematizada.

Para melhor compreensão, esclarecemos que o panteão das divindades iorubás compreende majoritariamente os orixás, agrupados sob várias designações, como estudaremos adiante. Nos diversos mitos iorubás sobre a Criação do Mundo aparecem orixás primordiais, como Obatalá (*Ọbàtálá*) ou Orixalá (*Òrìṣà Nlá*, o "grande orixá"), Odudua (*Odùduwà*) e Orunmilá (*Òrúnmìlá*), entre outros. Acima de todos reina a Divindade (ou Deidade) Suprema, Olodumare (*Olọ́dùmarè*), muitas vezes expresso como Olorum (*Ọlọ́run*) ou Olofim (*Ọlófin*) ou mesmo confundido com esses, como também adiante estudaremos.

Entenda-se que as versões diversificadas sobre natureza e prevalência dessas divindades deriva de um simples fato: seus cultos, entre os diversos povos reunidos sob a denominação "iorubás", compreendiam panteões em alguns aspectos diferentes, com mitos de origem diversos. Assim, poucas eram as divindades objeto de cultos que abrangessem todo o conjunto dos territórios dos povos falantes da língua iorubá e seus dialetos (Verger, 1997, p. 17). Acrescentemos que, mesmo após a normatização do idioma, no século 19, dentro do projeto de unificação dos vários povos que o usam, o iorubá padrão apresenta hoje duas variantes, uma falada a partir de Oyó e outra a partir de Lagos, a antiga capital nigeriana (Rowlands, 1979, p. 1); e isso dá margem a concepções ou interpretações divergentes. Mas o oráculo Ifá e seu patrono Orunmilá tinham e têm abrangência "nacional", digamos assim; e até mais do que isto.

FUNCIONALIDADE

Concebido como um sistema de mediação necessário, posto à disposição dos ritualistas que o interpretam, os babalaôs, e de seus consulentes, o oráculo Ifá somente informa. Os ensinamentos e conselhos revelados, depois analisados pelo babalaô, permitem àquele que consulta (em iorubá, *adáfá*), estar vigilante e colocar-se em guarda. Graças a Ifá e à medida que se desenrolam as sessões de consulta, um indivíduo pode ter acesso à compreensão dos acontecimentos marcantes de seu passado e, a partir daí, manter-se atento aos sinais do presente, determinantes para seu destino. Mas a consulta tem efeito momentâneo e só a iniciação no culto propicia o acesso ao destino: ela é que assegura ao iniciado seu equilíbrio na cadeia das forças vitais e sua melhor integração com a ordem do Universo.

Do babalaô espera-se não somente o reconforto, a riqueza e as oportunidades, mas também a cura. E isto porque seus conhecimentos não podem se limitar simplesmente às técnicas divinatórias. Em caso de doença, por exemplo, com a ajuda de Ossaim, o orixá das plantas e folhas (remédios da natureza), o babalaô pesquisa as causas do mal, depois prepara os medicamentos por meio de ervas e substâncias diversas para as unções e os banhos, os quais não são escolhidos em graus terapêuticos de importância, mas especificados de acordo com a origem energética do problema. Certos sintomas podem significar distúrbio na sintonia energética do consulente com um orixá ou ancestral em particular. Então, será necessário organizar cerimônias rituais em intenção da divindade ou espírito descontente.

Sobre a figura do babalaô, façamos aqui um parêntese importante. Em 1953, o célebre fotógrafo e etnólogo francês Pierre Verger, na cidade benimense de Queto (*Ketu*), foi admitido para o aprendizado de Ifá, submetendo-se aos rituais iniciáticos e recebendo o nome *Fatumbi*, "renascido por Ifá". A propósito, declarou: "Fiz minha iniciação não para 'olhar' (dizer o futuro ou dar consulta), mas porque isso me dava acesso aos conhecimentos dos babalaôs, que são as pessoas que transmitem oralmente todos os conhecimentos do povo ioruba" (citado por Nóbrega; Etcheverria, 2002, p. 201–202).

Prosseguindo, vejamos que o processo de consulta ao oráculo se desenrola em várias etapas, no santuário ou outro local reservado para esse fim. O babalaô permanece sentado, à beira da esteira, cercado de seus acessórios, principalmente o opelê (*òpèlè*), corrente metálica com duas seções, cada uma com inserções de quatro elementos côncavos, originalmente feitos com cascas vegetais; e também os iquines (*ikin*), sementes de dendezeiro; e o oponifá (*opón Ifá*), espécie de bandeja ou tabuleiro de madeira onde se desenham, sobre o pó ierossum (*iyẹrósùn*) nele espargido, os grafismos que representam os odus, melhor definidos adiante.

Diz a tradição que Arabá, considerado como o primeiro babalaô habitante da cidade sagrada de Ilé Ifé, plantou e fez crescer diante de sua morada um dendezeiro com dezesseis ramadas e, depois, ordenou que fossem cavados dezesseis buracos ao redor do tronco. Então, isto feito, dezesseis nozes de dendê brotaram e caíram dentro de cada uma das dezesseis cavidades, e cada noz gerou um dendezeiro, cada um com dezesseis ramadas, o que somou 256 nascidas das 16 originais. Elas continham todos os saberes de Ifá. Pois o número 16 é a cifra identificadora – o que em outras culturas se refere como "número cabalístico" – de Orunmilá e do oráculo Ifá. Arabá transmitiu a outros homens seus conhecimentos.

Assim, é nos saberes dos odus, expressos em milhares de narrativas literárias, conservadas na oralidade ao longo de séculos e, agora, aos poucos reunidas em escritos, que se encontram os exemplos de situações que ajudam o babalaô a determinar o procedimento ritual mais adequado ao caso de cada cliente. Por isso, o babalaô precisa conhecer bem os saberes dos dezesseis principais signos (odus) que compreendem os ensinamentos, bem como os resultantes das combinações entre eles, os quais, de início, perfazem um total de 256; mas se desdobram em milhares de parábolas que contêm as "lições".

O objetivo a atingir ao fim da consulta, em qualquer caso que se apresente, é principalmente definir a conduta religiosa a seguir – tipos de oferendas e sacrifícios adequados, orações a fazer e proibições a respeitar –, tanto para que nada altere a situação esperada, quanto para afastar as forças negativas. Mas tudo isso sem a ideia de "obediência" em relação ao Divino. Muito além de uma doutrina dogmática, Ifá é um instrumento de sabedoria legado pela Divindade para ser aplicado no mundo profano.

Assim, começamos a entender que qualquer pessoa que estude Ifá seriamente jamais poderá concordar com que termos como "feitiçaria", "bruxaria" e "magia" sejam vinculados a este importante sistema, não só divinatório mas também literário e filosófico; e tampouco pode vê-lo associado a práticas demoníacas, satânicas ou equivalentes. Mesmo porque a essência da tradição africana distingue e afasta a magia maléfica, antissocial e destruidora, das práticas rituais destinadas a assegurar o bem-estar e o equilíbrio dos indivíduos e entre os grupos. E aqui fazemos eco ao cubano Souza Hernández, escritor e sacerdote de Ifá, para afirmar que da mesma forma que, ao longo da história, humanos têm criado "deuses" que se ajustem melhor aos seus interesses, o Inferno foi criado por classes detentoras de poder como meio para subjugar "em nome de Deus" as grandes massas. E essas massas, ante tal descrição aterradora da Eternidade, não perceberam nem compreenderam que, se há algo que realmente se parece com um inferno, é a Terra, o "lugar", situado abaixo do céu, onde é gerada a energia negativa que o ser humano arrasta consigo, individual ou coletivamente (Souza Hernández, 1998, p.151–152).

Segundo o mencionado autor, Ifá é o pensamento tradicional iorubano por excelência; é o porta-voz e intérprete entre os orixás e os humanos; é a expressão condensada do pensamento; a compreensão e a sabedoria chegadas a nós artisticamente, concebidas em forma de parábolas, metáforas e poemas, nos quais os ensinamentos permitem que cada um os aprenda e aplique no seu dia a dia, metabolizando-os segundo sua própria análise e seu próprio nível de compreensão e sabedoria (Souza Hernández, 1998, p.153). Para nós, além disso, Orunmilá é o profeta, Aquele que comunica os desígnios do Ser Supremo, estando para Ifá como Jesus para o cristianismo, Maomé para o islamismo e outros sábios fundadores, para suas respectivas religiões.

No Capítulo 2 e na seção "Peculiaridades do Ifá Lucumí" do Capítulo 9, detalhamos a dinâmica da consulta ao oráculo.

O SURGIMENTO DO SISTEMA

Diz Ifá que o Mundo mal tinha sido criado quando, em Ilé Ifé, as Divindades primordiais se sentiram famintas e abandonadas, pois não recebiam dos humanos as oferendas a que faziam jus. Assim, alguns orixás ameaçaram os humanos com a possibilidade de retaliações. Mas Exu (*Èṣù*), o mensageiro, dono da força (*Ẹlẹ́gbára*) que dinamiza o Universo, resolveu se aconselhar com Orungã (*Ọrunga*), filho de Iemanjá (*Yemoja*). Então esse poderoso orixá disse que já tinha a solução e que ela estava em dezesseis coquinhos de dendezeiro, de que alguns macacos tomavam conta num palmeiral.

Exu foi até os macacos, conseguiu os dezesseis coquinhos e os levou para Orungã que, após examinar e aprovar as sementes, disse ao mensageiro que cada uma delas representava uma divindade de um lugar diferente. E lhe recomendou que viajasse a cada um desses lugares, pois neles ouviria, de dezesseis sábios, sentenças ou provérbios correspondentes a cada um dos coquinhos.

O inteligente Exu procedeu como determinara Orungã. E, como também foi instruído, levou as sementes de dendê até os humanos ingratos. Tomando conhecimento das importantes mensagens que os coquinhos transmitiam, os até então negligentes, agora sensibilizados e temerosos, acharam por bem aplacar a fome das Divindades e render-lhes as homenagens devidas. Nascia aí o sistema divinatório de Ifá.

UMA PRÁTICA TRANSCENDENTAL

A importância de Ifá entre os diversos povos do universo iorubá e vizinhanças revela-se, entre muitas outras evidências, no fato de que o primeiro dos quatro dias da semana, no calendário tradicional, anterior ao imposto pela colonização europeia, era chamado Ojó Awô (*Ojọ́ Awo*), dia do segredo ou de Ifá. Os outros eram dedicados aos orixás Ogum (*Ògún*), Xangô (*Ṣàngo*) e Obatalá (*Obàtàlá*) (Prandi, 2005, p. 27).

Mesmo nos tempos atuais, na tradição observada pelos iorubás, antes do início de qualquer acontecimento, qualquer que seja sua natureza – num casamento, no nascimento de uma criança, nos sucessivos estágios da vida humana; antes de um rei ser apontado, antes da investidura de um chefe, antes de qualquer pessoa assumir um cargo público, antes de uma viagem, em tempo de crise ou de doença –, em todo e qualquer tempo, o oráculo Ifá é consultado para orientação e segurança (Oduyoye, 1996, p. 95).

Entretanto, a utilidade de Ifá não está simplesmente no prognóstico; não é dizer qual o evento que sucederá amanhã. Em vez disso, seu papel, como expressão da Força Suprema, é fazer saber às pessoas quando devem tomar uma decisão, e qual a melhor forma de fazê-lo. E quais deverão ser as oferendas propiciatórias para receber do Sagrado ou Lhe agradecer pelo que for concedido. Ifá aconselha qual a melhor solução para um problema, mostrando como proceder para impedir que se cometam erros em qualquer planejamento que se faça. Ifá é a chave e a resposta para uma conduta discreta, inteligente e muito especialmente sábia no mundo. Ifá é o transmissor das mensagens da Força Suprema para que as questões terrenas sejam mais fáceis de enfrentar. E é a própria palavra da Força Suprema, emanada de Orunmilá, divino porta-voz, quando solicitado por qualquer pessoa, seja ou não um sacerdote, seja ou não um seguidor de qualquer religião.

Segundo Bascom (1969b, p. 80), Ifá é antes de tudo Aquele que transmite e interpreta os desígnios, os caminhos traçados por Olorum (Ọlọ́run) para a Humanidade, e que prescreve os sacrifícios que Exu deve levar até Ele. Esta importância da prática divinatória ortodoxa de Ifá, se comparada a métodos também importantes porém mais simples de consulta, como aqueles em que se usam búzios ou nozes de cola (obi), deve-se provavelmente ao fato de que, exceção feita às orações, Ifá é que promove o acesso mais direto a Olorum – que é Quem controla o destino dos humanos. Assim, quaisquer que sejam as divindades pessoais que cultuem, todos os seguidores da tradição religiosa iorubá recorrem a Ifá na hora de problemas e, sob o conselho do babalaô, fazem sacrifícios para Exu-Elegbara e, através d'Ele, a Olorum.

Esta importante trindade é acessível a todas as pessoas; e, juntos, Olorum, Ifá-Orunmilá e Exu-Elegbara concedem aos humanos as possibilidades de alcançar as conquistas destinadas a cada um, desde antes de o espírito do ancestral guardião ter nele renascido. A função de Ifá é, portanto, transmitir aos humanos as mensagens e desígnios de Olodumare-Olorum--Olofim, num trabalho bastante complexo.

Pela complexidade dessa comunicação, um simples sacerdote jamais poderá conhecer completamente todo o conjunto de saberes de Ifá. Mas o babalaô, especialmente iniciado e instruído, e ocupando qualquer patamar da hierarquia sacerdotal, pode, através do Oráculo, revelar, por exemplo, qual o orixá mais indicado para receber sob seus cuidados e proteção uma criança recém-nascida, ou seja: qual é a divindade da qual provém a herança espiritual do ser que acaba de ganhar existência terrena. É também o sacerdote de Ifá quem, em tempos difíceis, em caso de enfermidades, problemas financeiros etc., pode revelar quais as entidades indicadas para falar da situação; e na condição de mensageiras da Força Suprema, levar até a pessoa a mensagem Dela emanada (texto adaptado de citação apócrifa em Garcia-Cortez, 1980, p. 78-79).

Sendo então um oráculo com uma religião de firme estrutura organizada ao seu redor, Ifá é, também, um sistema de acesso às divindades, rico e denso em metáforas e lirismo, que os iorubás da Nigéria e vizinhanças utilizam há vários séculos (cf. Gates Jr., 1996, p. 163). Através dos odus, Ifá reporta acontecimentos que ocorreram às divindades durante as vidas terrenas de seus avatares, "caminhos" ou "qualidades". E as informações são passadas por meio de fábulas e parábolas com fundo moral que servem como guias para a vida cotidiana durante toda a existência, orientando a trajetória de quem busca aconselhamento (Fernández Martinez; Porras Potts, 1998, p. 59).

SERES HUMANOS E ESPIRITUAIS

No saber tradicional iorubá, a pessoa humana se compõe de três elementos fundamentais perceptíveis: o corpo (*ara*); a sombra do corpo (*ojiji*), que desaparece com ele; e a mente (*òye*), localizada na cabeça (*orí*) e que, distinta do saber (*ẹrọ*), o indivíduo perde com a demência. Como elementos indestrutíveis, a pessoa tem o coração (*ọkàn*), não o músculo cardíaco, mas a sede dos sentimentos e dos valores; o sopro vital (*ẹmí*) que abandona o corpo quando a respiração cessa em definitivo; e finalmente o espírito, regente da cabeça (*Orí*), que renasce com a reencarnação no descendente do ancestral a que antes pertenceu (Valéncia Barco, 1982, p. 134–135).

Como sabemos, a modalidade reconhecida como Religião Tradicional Africana e sua continuidade nas Américas baseiam-se na crença em um Ser Supremo, Incriado e Preexistente. Criador do Universo e fonte da vida, esse Ser ou Força infunde respeito. Mas, em princípio, é tão infinitamente superior e distante que não é cultuado, ou seja: não pode nem precisa ser agradado com preces nem oferendas.

Abaixo desse Ser-Força, situam-se, no sistema, seres imateriais livres e dotados de inteligência, das espécies que o saber ocidental clássico define como gênios ou espíritos. Os primeiros são seres com forma humana apenas idealizada que atuam como protetores e guardiões de indivíduos, grupos e lugares, podendo temporariamente habitar nos lugares e comunidades que guardam, e também no corpo de pessoas que protegem. Já os espíritos são almas de pessoas que tiveram vida terrena e, por isso, são imaginados com forma humana. Podem ser almas de antigos chefes e heróis, ancestrais ilustres e remotos da comunidade, ou antepassados próximos de um clã ou família.

Entre os iorubás, os "gênios" são genérica e principalmente definidos como orixás, e os espíritos como eguns (*egún*). Entretanto, existem orixás cujos nomes figuram em relatos históricos, o que nos leva a imaginar esses personagens como os hinduístas definem os seus "avatares" – seres divinos que descem à Terra materializados.

Ao contrário do Ser Supremo, orixás e eguns precisam ser cultuados, para que, felizes e satisfeitos, garantam aos vivos saúde, paz, estabilidade e desenvolvimento. Pois é deles, também, a incumbência de levar até o Ser Supremo as grandes questões dos seres humanos. Assim, já que contribuem também para a ordem do Universo, eles devem sempre ser lembrados, acarinhados e satisfeitos, através de práticas especiais. Essas práticas, que representam o culto em si, podem, quando simples, ser realizadas pelo próprio fiel. Mas, quando complexas, precisam ser orientadas e dirigidas por um chefe de culto, um sacerdote. Dentro dessas linhas gerais foi que as religiões africanas chegaram às Américas. E com elas o culto nascido em torno do oráculo Ifá. Ressalte-se que a religiosidade negro-africana não faz distinção entre o natural e o sobrenatural, nem entre matéria e espírito. Para ela, o espírito é um sopro que se pode sentir, uma chama que nos pode aquecer ou queimar. A doença é como um elemento estranho, que se pode tirar do corpo; o sonho é a própria ação; e os rastros deixados pelos pés no caminho, etc. são emanações espirituais. E isto porque, para o pensamento tradicional africano, a Natureza não é espírito nem matéria, mas sim Força Vital; e o indivíduo é parte integrante dela e do conjunto das forças que interagem no Cosmos (Valéncia Barco, 1982, p. 155). Ou seja: todo indivíduo tem seu lugar no Universo, onde seu destino já está irremediavelmente escrito.

NEM ANIMISMO
NEM FETICHISMO

Em antigas teorizações antropológicas, o primeiro estágio da evolução religiosa da humanidade era o "animismo", tipo de religiosidade baseada na crença de que todos os seres da natureza possuem uma alma (*anima*, em latim) e agem intencionalmente. Tidas equivocadamente como animistas, as formas da Religião Tradicional Africana, como o culto de Ifá, acreditam, isto sim, na existência de uma força vital que integra os seres dos diversos reinos no Universo; mas entendem que cabe à ação humana promover a harmonia entre todos os seres da Natureza.

Da mesma forma, teorias antigas classificavam as religiões tradicionais africanas como "fetichismo", na suposição de que elas envolvessem adoração a objetos manufaturados, tidos como dotados de poderes sobrenaturais, como ídolos e amuletos (*fétiches*, em francês; em português "fetiches"). Veja-se, entretanto, que a Religião Tradicional Africana apenas utiliza determinados elementos naturais ou artefatos como morada simbólica de seres espirituais em atenção à identificação desses inanimados com as características da espiritualidade do ser divino ou divinizado. Uma estatueta ou máscara de um ancestral é um símbolo que evoca sua presença e seus atos, e não o ancestral em si; da mesma forma que ferramentas, insígnias ou pedras votivas consagradas a divindades são apenas representações simbólicas desses seres ou forças, isto é, são signos que manifestam a presença espiritual deles entre os vivos, e não eles em si mesmos. E ainda que se admita, em algumas vertentes religiosas, o uso eventual de objetos como fetiches, observe-se que, para a tradição africana, eles são apenas um suporte material onde a força do ser espiritual foi fixada, como aliás ocorre em outras religiões de grande prestígio. Esse objeto pode ser abandonado pelo ser que representa e, consequentemente, perder a força. Tanto que, isso ocorrendo, ele deverá ser imediatamente descartado, já que perdeu seu cunho sagrado, e outro ser, estranho e até mesmo antagônico, pode nele se alojar.

Aspecto marcante da Religião Tradicional Africana – tida outrora como expressão de animismo ou fetichismo –, Ifá é uma prática espiritual e ética que desfruta de posição ímpar entre as demais vertentes africanas de culto, por ser talvez a única que sobreviveu incólume ao holocausto provocado pelo escravismo e o colonialismo. Absorvendo o impacto de muitos séculos de imposição de outras crenças, a tradição filosófica e religiosa de Ifá se recriou e expandiu de modo amplo, em nível internacional. Prova disto é sua presença, às vezes em formas modificadas e com nomes diversos, em expressões religiosas de diversos países. É encontrada não só na tradição lucumí cubana como no candomblé da Bahia, no xangô pernambucano, em Porto Rico e nos Estados Unidos, bem como no vodu haitiano etc.

Além disso, Ifá mantém seu nome e sua forma ortodoxa (ou bem próxima da original) na Nigéria e em países vizinhos, e já se desenvolve na forma ortodoxa e também com variantes nos Estados Unidos. No Brasil, na década de 1990, depois de um longo período de ostracismo, ressurgiu pela ação de sacerdotes cubanos imigrados; e no momento deste texto, experimenta desenvolvimento exponencial, como veremos adiante.

CAPÍTULO 4
Ifá e a Existência

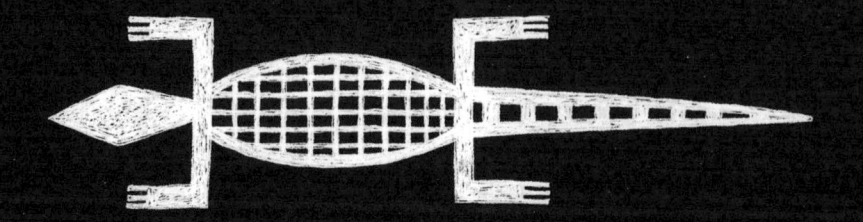

Os ancestrais dos atuais iorubás criaram e difundiram, com variações regionais, diversos mitos sobre o nascimento do Universo, todos contemplados na literatura de Ifá. Neles, Orunmilá é reconhecido como a única Divindade que testemunhou a Criação do Mundo, daí um de seus epítetos: Elerí Ipin (Ẹléri Ìpín, "testemunha do compartilhamento"), expressão cujo segundo elemento significa não "destino", como se consagrou, mas sim "o ato de dar a cada um seu destino". Em iorubá o vocábulo "destino" é traduzido como àyànmọ́-ìpin (Dictionary, 1976, p. 53, verb. *Destiny*).

Os saberes de Ifá abrangem toda a extensão de conhecimentos referentes à existência humana e todas as formas de relacionamento do ser humano. Compreendem a relação com o Cosmos ou Universo; com os outros seres da Natureza; com os fenômenos cósmicos e os processos naturais; com o meio ambiente; e sobretudo busca explicar a ligação entre as dimensões visíveis e invisíveis.

Através desses saberes, Ifá aponta os caminhos e procedimentos através dos quais os humanos podem encontrar saúde, paz, estabilidade e desenvolvimento, condições físicas e espirituais que, juntas, podem resumir o ideal geral de felicidade e realização que todos buscamos.

AXÉ, A FORÇA VITAL OPERANTE

Axé (àṣẹ) é um termo de origem iorubá que, em sua acepção filosófica, significa a força que permite a realização da Vida; que assegura a existência dinâmica; que possibilita os acontecimentos e as transformações. Em resumo, é a energia que constitui e movimenta os seres e todo o Universo, além de ser a capacidade dos corpos e sistemas de realizar qualquer ação ou de atuar sobre qualquer coisa ou pessoa. Entre os iorubanos, a palavra axé, significando "lei, comando, ordem", ou seja, o poder enquanto capacidade de realizar algo ou de agir sobre uma coisa ou pessoa, é usada em contraposição a *agbara*, poder físico, subordinação de um indivíduo a outro, por meios legítimos ou ilegítimos. Assim, axé é, em suma, o fenômeno responsável pela vida existente no Universo, visível e invisível, e pela sua manutenção.

Todos os seres do Universo possuem sua própria força vital; e ela é o valor supremo da Existência. Possuir a maior força vital é a única forma de felicidade e bem-estar. Da mesma forma, a morte, as doenças, as desgraças, o aborrecimento, o cansaço, a depressão, tudo o que causa sofrimento, enfim, é consequência de uma diminuição da força vital, causada por um agente externo dotado de uma força vital superior. O remédio contra a morte e os sofrimentos é, portanto, reforçar a energia vital, para resistir às forças nocivas externas.

Na concepção iorubá, o poder espiritual é o mais importante, não se devendo, contudo, desprezar o poder físico; como não se deve achar que todo axé é positivo. Pois existem também poderes malignos, entre os quais se incluem todas as forças que podem afetar negativamente a vida humana como, por exemplo, a morte (*ikú*), a doença (*àrùn*), a perda (*òfò*) e a desarmonia ou desordem, também denominada arum (*àrùn*) (Lopes, 2005, p. 100, 102). Essas forças são conhecidas, em seu conjunto, pelo nome "ajogum", como veremos adiante.

Por ser força, o axé é passível de aumento ou diminuição; e existe nos três reinos da Natureza, no animal, no vegetal e no mineral. Os elementos transmissores do axé, pela concepção tradicional, agrupam-se em obediência às três cores primárias do mundo natural, que são o vermelho, o branco e o preto.

CAPÍTULO 4 · IFÁ E A EXISTÊNCIA

O sangue animal (ejé), que possibilita movimento, energia, vida, enfim; o azeite de dendê (epô), o mel (*oyin*) e o ôssum (pó vegetal), por exemplo, são portadores de axé vermelho. Já a aguardente de cana (*oti*), o ierossum (o pó com que se recobre o oponifá), o orí (manteiga de carité) etc., bem como alguns materiais fossilizados, são substâncias cujo axé é tido como branco. Por sua vez, o carvão, o ferro, o sumo extraído dos vegetais pelo maceramento (porque o verde é uma cor secundária) etc., são portadores de axé preto (Lopes, 2005, p. 41-42). Vejamos também que, na paleta de cores da tradição iorubá, o branco é a cor de Obatalá, das divindades primordiais e dos ancestrais; o preto é a cor da noite, dos mistérios, das entranhas da Terra; e o vermelho é a cor do sangue, da vida, da coragem, do fogo. E nessa concepção se originam, por exemplo, as cores simbólicas dos orixás e demais divindades.

Sobre a aguardente, esclareçamos que o álcool não é intrinsecamente malévolo, e sim o abuso dele. Nos ritos, a bebida alcoólica funciona como transmissora de axé positivo ao Ancestral ou Divindade, que o devolve ao ofertante, provavelmente porque o álcool estimula a circulação sanguínea. E isto é potencializado quando o ofertante ou o oficiante da cerimônia enche a boca com um pouco dele e borrifa, acrescentando algo de seu hálito, emanação de sua Existência.

Diga-se, mais, que na medicina tradicional, sobretudo nos meios rurais, receitas tendo a bebida alcoólica como ingrediente foram conhecidas no Brasil desde os primeiros tempos. O tradicionalista Mário Souto Maior (1970, p. 105-114), no livro *Cachaça*, refere algumas dessas prescrições, mencionadas desde o século 17 como indicadas para males como maleita, picadas de cobras venenosas, dermatites, blenorragia etc. Aventamos, assim, a hipótese de o uso dos vários tipos de aguardente (rum, cachaça, uísque etc.) nas religiões de matriz africana basear-se

também no poder terapêutico empiricamente a eles atribuído.
E o mesmo talvez se possa dizer do tabaco.

A CADEIA DAS FORÇAS VITAIS

Ideias africanas imemoriais ensinam que todos os seres, segundo a qualidade de sua força vital, obedecem a uma escala de hierarquia. Acima de tudo está o Ser Supremo, Incriado e Preexistente. Ele é a Força por si mesma e a origem de toda a energia vital. Depois vêm os primeiros ancestrais dos seres humanos, os fundadores dos diferentes clãs, que são os mais próximos intermediários entre os humanos e o Ser Supremo. Após esses fundadores, estão os mortos ilustres de cada grupo, agrupados por ordem de primogenitura, ou seja, a maior importância é do grupo mais antigo e, nele, do indivíduo que nasceu antes de todos os outros.

Esses ancestrais são os elos da cadeia que transmite a força vital dos primeiros antepassados para os viventes. E estes, por sua vez, estão organizados hierarquicamente, de acordo com sua maior ou menor proximidade, em parentesco, com os antepassados e, consequentemente, conforme sua força vital. Desta forma, todo ser humano, segundo os saberes da herança africana, constitui um elo vivo, ativo e passivo, na cadeia das forças vitais, ligado, acima, aos vínculos de sua linhagem ascendente e sustentando, abaixo de si, a linhagem de sua descendência.

Seguindo-se às forças humanas, vêm as forças animais, vegetais e minerais, também escalonadas segundo sua energia. Todos esses elementos não humanos da natureza são prolongamentos e meios de vida daqueles a que pertencem. Como todas as forças estão interrelacionadas, comunicando-se de acordo com leis determinadas, um ser humano pode diminuir outro na sua força vital. A resistência a esse tipo de ação só é obtida por meio do reforço da própria potência, recorrendo-se a outra influência vital. E a força vital humana pode influenciar diretamente animais irracionais, vegetais ou minerais.

No pensamento nativo africano, todo ser racional pode influenciar maleficamente um semelhante. Para se proteger contra a perda ou diminuição de energia vital por ação direta ou indireta de outros seres, a pessoa deve recorrer a forças que possam revigorar sua própria força individual. Tais forças são as energias das divindades e dos espíritos dos antepassados. Chega-se a elas por meio do culto ou ritual destinado a propiciar o revigoramento.

Em síntese, na tradição africana, o relacionamento do ser humano com o mundo real é fundamentado na crença em uma força vital – que reside em cada um, na coletividade, em objetos sagrados, alimentos, elementos da natureza e práticas rituais, na sacralização dos corpos pela dança, no diálogo dos corpos com o ritmo do tambor, etc. Essa força vital dever ser constantemente potencializada, restituída e trocada para que não se disperse (Lopes; Simas, inédito).

EBÓ, A TRANSMISSÃO DO AXÉ

Ebó (ẹbọ), o sacrifício, é o ritual simbólico de comunicação entre todas as Forças do Universo. Além do próprio ser humano, existem no Cosmos, dentro da dualidade que caracteriza a Existência, dois tipos de forças que se opõem, benévolas ou hostis ao ser humano. As forças benévolas são as divindades (ibo); e as malévolas são as que guerreiam contra o ser humano, chamadas *ajogún* – ou talvez *ajóku*, palavra que em iorubá se traduz como "insaciável", enquanto *ajogún* significa "herdeiro". Os *àjẹ́* (feiticeiros) são também aliados dos *ajogún* ou *ajóku* na ação de prejudicar ou arruinar o ser humano e suas realizações. Para neutralizar essas forças, os humanos precisam oferecer sacrifícios às forças benévolas para que continuem a desfrutar de sua ajuda e suas graças. Mas, conscientes da dualidade existente no Universo, precisam propiciar também as forças negativas, representadas pelos *ajogún* e *àjẹ́*, de modo que elas não perturbem nenhuma ação importante que a pessoa empreenda (Abímbọ́lá, 1996, p. 98–99).

Na Antiguidade romana, o banquete ritual do culto doméstico era chamado *sacrifício*. Essa refeição preenchia a necessidade de comunicação com a divindade, que era convidada e recebia sua parte. Também nas guerras, depois de cada vitória, oferecia-se o sacrifício, pois o triunfo era atribuído aos deuses da cidade (Coulanges, 2001, p. 170, 180).

O *Dictionaire Français Latin*, de L. Quicherat (1891, p. 1274), menciona como fonte etimológica remota da palavra "sacrifício", em latim *sacrificium*, a expressão latina *sacra facere*, "tornar sacro", "fazer agradável aos deuses". Na palavra, o elemento *ficio*, de fazer, é o mesmo encontrado em palavras como "benefício", ato de fazer o bem; "cotonifício", de fazer algodão; "lanifício", lã; "orifício", boca, abertura. Assim, o oferecimento de um animal à divindade tornava-o sagrado também. O sacrifício, na Antiguidade, era, portanto, um ato nobre, que enobrecia o ser, o objeto ou a coisa oferecidos, elevando-os à altura da divindade que o recebia. Assim foi estudado por importantes cientistas sociais e filósofos como Evans-Pritchard, Franz Boas, Marcel Mauss, Henri Hubert etc.

Esses autores, embora com foco em práticas de antigos gregos, hindus e hebreus, entenderam o sacrifício sobretudo como um ritual de consagração do ser ou objeto oferecido, para o intercâmbio de força vital entre o ser humano e o mundo invisível; entre o ofertante, através do sacerdote oficiante da cerimônia, e Olorum-Olofim-Olodumare, através de Exu-Elegbara. Esta importante questão é retomada no Capítulo 12.

EXU, O DINAMIZADOR DO AXÉ

No saber ancestral iorubano, Exu ou Elegbara ("o dono da Força") é Aquele que transforma o erro em acerto e o acerto em erro; que matou um pássaro ontem com a pedra que só hoje atirou. Por isso, muitas vezes se tem visto, nessa divindade, tão complexa quanto importante, características similares às do demônio combatido pelo cristianismo – *Shaitan* entre os muçulmanos. E aí busca-se uma comparação que torne compreensível, a observadores superficiais, a identidade desse orixá, irrefutável intermediário entre o Aiê (*Aiyé*), o mundo material, e o Orum (*Òrun*), o dos invisíveis.

No corpo literário de Ifá, Exu-Elegbara é referido como um orixá que gosta de pôr à prova as pessoas e também as outras divindades, criando obstáculos e infortúnio até ser reconhecido, respeitado, e receber as oferendas devidas. Só assim irá nos apontar com seu ogó (*ògọ*), bastão símbolo de sua autoridade, o caminho de nossa realização e progresso. Como salienta Souza Hernández (1998, p. 15), "Exu não é bom nem mau, nem se chama ou se espera: ele está aqui, latente no dinamismo que emana de nossa própria natureza". Desta forma, é erroneamente associado ao demônio por outras religiões. O certo é que, agindo como intermediário entre o ser humano e as forças benéficas, Exu compartilha um pouco dos atributos tanto de um quanto das outras. Além disso, ele é imparcial, pois sua função primordial é apenas dar suporte ao humano para a entrega do sacrifício à divindade. Desde que receba o sacrifício prescrito, Exu impedirá o ajogum ou ajoku de causar dano ou problemas ao ofertante. Pois ele é o guardião do axé, a Força Vital, aspecto da Força divina que Olodumare mobilizou para criar o universo. Exu é, por isso, o governante "executivo" do Universo, o princípio da ordem e da harmonia, bem como o agente da reconstituição. Depois que ele toma para si um pouco de cada um dos elementos contidos na oferenda ou no sacrifício, Exu a entrega à divindade ou ao ajogum ou ajoku correspondente. O efeito é, normalmente, o retorno da paz e da reconciliação entre as partes inimigas ou em litígio (Souza Hernández, 1998, p. 99).

Consoante o escritor Lewis Hyde (2017, p. 318), Exu, por ser um *trickster* (malandro, ardiloso, trapaceiro), é a divindade iorubá da ambiguidade e da anomalia. Seu ambiente preferido é, então, a encruzilhada, lugar que representa a ambivalência e a incerteza. Mas Ifá o afasta da encruzilhada e o traz para dentro de casa. E isso se observa claramente no novo significado que esse importante orixá recebeu no Ifá lucumí, conforme leremos na seção "Eleguá, o Múltiplo", constante do Capítulo 10, páginas adiante.

Por tudo isso, Exu-Elegbara é muitas vezes comparado a Hermes, o mensageiro dos deuses da Grécia antiga, "divindade da magia e da adivinhação, mestre do inesperado" bem como da capacidade de encurtar os caminhos e cruzar fronteiras (Sodré, 2017, p. 174).

O REMÉDIO E O VENENO

Um dia, Exu-Elegbara, no Mercado, centro universal da vida comunitária de todos os povos, viu-se na contingência de escolher, entre duas cabaças, qual delas levaria. Uma continha o Bem, um remédio, material, palpável, visível, expresso em uma palavra. A outra continha o Mal, um veneno, substância espiritual, invisível, cujo nome não poderia ser pronunciado. Então, Exu pediu, com insistência, uma terceira cabaça. Finalmente atendido, despejou o conteúdo das duas primeiras cabaças na terceira e os misturou, balançando bastante.

Feito isso, avisou aos que assistiam sua manipulação: "A partir de agora, remédio pode ser também veneno e veneno vai poder curar; alma pode ser corpo; o visível pode ser invisível e o que não se vê pode ser uma presença; o dito pode não dizer nada e o silêncio pode dizer muita coisa."

A terceira cabaça, pela força de Exu, continha o inesperado.
(Cf. Simas, 2018)

IKU, EGUM, ORO – A MORTE E SUAS REPRESENTAÇÕES

Na concepção filosófica iorubana, Iku (*Ikú*) é a Morte, divindade superior, embora indesejada, encarregada de privar da vida as pessoas, arrebatando seu espírito. Já Egum (*Égún*) é o espírito de um morto; e Egungum (*Égúngún*) é o ancestral ilustre, divinizado, objeto de um culto específico.

Nos saberes de Ifá, Iku é considerado também um Orixá, que se manifesta, por ordem de Olodumare (*Olódùmaré* ou Eledumare), aparecendo a alguém para comunicar-lhe que seu período de vida terrena se encerrou; e lhe estende a mão para acompanhá-lo à outra dimensão da Existência (Bolívar Aróstegui; Porras Potts, 1996, p. 265).

Segundo um itã (*itàn*), conto da literatura oral de Ifá, um dia Olodumare incumbiu Obatalá de criar os seres humanos, para que eles povoassem a Terra. Obatalá, então, moldou os seres a partir de um barro disponível e, à medida que os ia moldando, soprava neles o *ẹmí*, o sopro da vida, e os mandava para a o mundo terreno. Mas o barro foi-se acabando, e Obatalá percebeu que dali a pouco não haveria mais o material. A questão foi levada a Olodumare, que convocou as Deidades, altíssimas divindades da Criação do Mundo, para que apresentassem uma alternativa.

Como não se chegou a uma solução, Olodumare determinou que se estabelecesse um ciclo. Assim, depois de algum tempo vivendo no Aiê (*Aiyé*), o mundo físico, os humanos deveriam ser desfeitos, retornando à matéria original para que novos seres pudessem ser criados com parte da matéria restituída. Resolvida a questão, restava saber de quem seria a função de tirar dos seres o sopro de vida e conduzi-los de volta ao todo original. Obatalá esquivou-se da tarefa; e vários outros orixás também.

Foi então que Iku, calado até ali, ofereceu-se para cumprir o desígnio de Olodumare, que o abençoou. A partir daquele momento, Iku tornava-se imprescindível para que se mantivesse o ciclo da Criação. Por isso, desde então, Iku vem todos os dias para escolher os homens e mulheres que, tendo completado com sucesso a totalidade de seu destino, devem ser reconduzidos ao Orum, depois de terem seus corpos desfeitos e o sopro vital retirado para que, com aquela matéria, outras pessoas possam ser moldadas e dotadas de vida – condição imposta para a renovação da Existência (Santos, 1976, p. 107, 222).

Ifá reconhece e consagra esse princípio segundo o qual "a morte é proporcionadora da vida". Por isso, todas as cerimônias do culto de Orunmilá iniciam-se com uma invocação, na qual são saudados os antepassados, tanto religiosos quanto biológicos, do celebrante e da comunidade. Tudo isso dentro do princípio segundo o qual a morte é que dá origem ao orixá – *Iku lobi ocha* –, por conta do qual Egum ou Egungum é sempre homenageado com oferendas de aguardente (*oti*), tabaco (*itaba*), mel (*oyin*) e comidas comuns, do cotidiano, preferencialmente oferecidas em pratos quebrados, simbólicos da existência física já encerrada. Como insígnia, Egum deve ter em seu assentamento o *pagugu*, espécie de bastão ou cetro enfeitado com fitas multicoloridas e confeccionado com o exato comprimento da altura do iniciado que ritualisticamente o recebeu. O objeto serve como instrumento de comunicação com o Mundo dos Mortos, e, ao fim da vida terrena de seu possuidor, deve ser sepultado com ele (Bolívar Aróstegui, 1990, p. 33-34).

A MORTE NATURAL

Diz Ifá que, numa das etapas da obra de Criação do Mundo, os humanos observaram como lhes nasciam criaturas que começavam seu aprendizado bem pequenos, desenvolvendo-se até alcançarem a idade adulta, enquanto que eles, os criadores desses novos indivíduos, iam perdendo o vigor. Entretanto, instintivamente, orientados pela irradiação espiritual que emanava de si mesmos, foram aos poucos sentindo satisfação com aquele estado de coisas, de tal forma que, quando a velhice lhes chegava, sentiam enorme prazer em se ver rodeados de descendentes, indecisos os pequenos, ágeis os intermediários, dispostos a começar seu aprendizado, tal como haviam aprendido de seus ancestrais e observado na Natureza. Aos anciãos, o espírito lhes mostrava que tudo o que precisavam realizar já tinha sido feito, sendo o mais natural retirarem-se para um lugar afastado e deixar-se fenecer, uma vez que seus membros se debilitavam com a inação e assim ficavam expostos para que arun (a Doença) neles penetrasse, se já não havia penetrado. E aí, tranquilamente, sem temor às trevas, o humano deixava a existência terrena, seu espírito se afastando do corpo sem vida, disposto a empreender uma nova etapa. Assim, esse instinto, essa sensação de que cumprimos nossa trajetória, normalmente nos acomete nos últimos instantes de uma longa existência. Por isso, a Morte deve ser tratada com naturalidade.

(cf. Espinosa; Piñero, 1997)

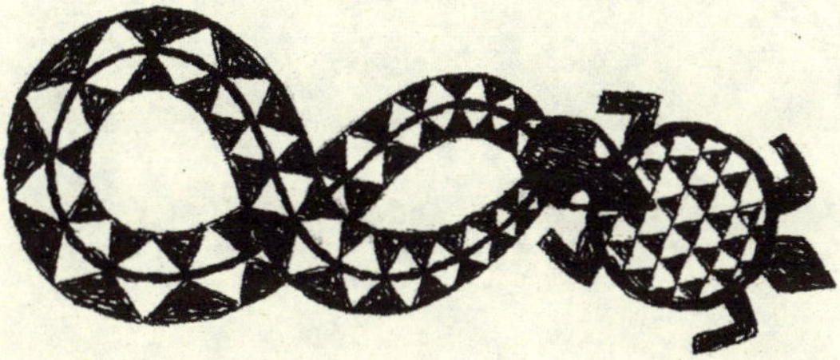

CAPÍTULO 5
Os Odus

Em português, uma das acepções dicionarizadas da palavra "odu" é a de "resposta do oráculo à consulta feita com o opelê-ifá ou com sementes de dendê ou búzios, a partir da disposição que tomam esses elementos ao caírem" (Houaiss; Villar, 2001, p. 2051). Mas ela não é exata porque os iquines, as sementes de dendezeiro, não são lançados, por isso não caem.

Melhor definindo, um odu é, em princípio, o resultado de uma jogada feita com os instrumentos da prática divinatória (iquines, opelê, ibos, etc.), o qual expressa um diagrama ou signo que se traduz numa resposta ou indicação dada por Ifá. Entretanto é bem mais que um signo ou diagrama.

Segundo alguns entendimentos contidos em relatos tradicionais, os odus seriam seres divinos descidos à Terra em determinado momento dos tempos primordiais como materialização de Orunmilá, e, portanto, podem ser considerados como avatares (representações, transformações, metamorfoses) do Grande Benfeitor. Daí a tradição lucumí cubana, explicada adiante neste livro, algumas vezes mencionar os odus antecedidos pelo nome Orunmilá. Por exemplo: *"Orunmila Ogbe Tumako"*.

Vale aqui registrar a importante interpretação expressa pelo autor Jorge de Morais Barbosa, ou simplesmente Jorge Morais. Segundo ele, enquanto os orixás são forças da natureza operantes junto aos humanos, os odus são "coordenadas cósmicas, pontos referenciais de latitude e longitude" nos quais o Ser Supremo, a natureza e a Humanidade "se cruzam em ciclos intermináveis" (Barbosa, 1993, p. 46). Com esta bela imagem, o autor quer dizer, salvo melhor juízo, que os odus são e serão sempre as referências que permitem localizar, no Universo, o exato ponto de interseção e encontro entre os seres humanos, a Natureza e o Ser Supremo.

A FALA DOS ODUS

Itã (*ìtàn*) é o nome que designa cada um dos inúmeros contos ou relatos, lendários, míticos e sobretudo educativos, que integram o corpo de saberes emanados de Ifá, como mencionado anteriormente. Estruturadas como parábolas, essas peças da literatura oral iorubá, tomando-se uma média de seis para cada odu, perfazem um universo de pelo menos 4096 narrativas que encerram os ensinamentos transmitidos nas mensagens do Oráculo. Pois existem dezesseis odus principais, dos quais "nascem" outros que completam 256. Classificados por ordem de "nascimento" e importância, os primeiros são referidos como *odù méjì* (odus duplos, pela representação gráfica) e os 240 seguintes, resultantes da combinação dos elementos binários integrantes de todos eles, como *ọmọ-odù* (odus filhos).

Cada pessoa tem seu destino ligado a um odu. No entanto, o odu que se manifesta por meio da posição em que saem os iquines ou daquela em que cai o opelê não é necessariamente o da trajetória pessoal do indivíduo, e sim o da circunstância em que ele está naquele momento. Esse odu é expresso pela combinação de outros odus e servirá de indicação ou resposta para a consulta.

TABELA 1: ORDEM DE CHEGADA, CONFIGURAÇÃO E NOMES DOS ODUS EM IFÁ

1 – Ejiogbe	2 – Oyeku Mêji	3 – Iwori Mêji	4 – Odi Mêji
5 – Irosun Mêji	6 – Owonrin Mêji	7 – Obara Mêji	8 – Okanran Mêji
9 – Ogunda Mêji	10 – Osa Mêji	11 – Iká Mêji	12 – Oturupon Mêji
13 – Otura Mêji	14 – Irete Mêji	15 – Oxe Mêji	16 – Ofun Mêji

Os nomes originais dos dezesseis odus principais identificam os primeiros discípulos, afilhados, ou sacerdotes de Ifá, iniciados por Orumilá. E as parábolas emanadas do oráculo retratam experiências vividas por cada um desses personagens. Esses nomes foram transcritos no lucumí e no Brasil como a Tabela 1 mostra.

Ritualisticamente, a figuração dos odus é sempre grafada do lado direito para o esquerdo; mas para facilitar a leitura aos não iniciados, mantivemos o padrão ocidental de escrita.

TABELA 2: NOMES DOS 16 ODUS PRINCIPAIS EM IORUBÁ, LUCUMÍ E PORTUGUÊS

Nomes iorubás	Nomes lucumís	Nomes brasileiros
Èjì Ògbè	*Eyiogbe*	Ejiogbe
Oyẹku méjì	*Oyekun Meyi*	Oyeku Mêji
Ìwòrí méjì	*Iwori Meyi*	Iwori Mêji
Òdí méjì	*Odi Meyi*	Odi Mêji
Ìrosùn méjì	*Iroso Meyi*	Irosun Mêji
Ọwọ́nrin méjì	*Ojuáni Meyi*	Owonrin Mêji
Ọbara méjì	*Obara Meyi*	Obara Mêji
Ọ̀kànrùn méjì	*Okana Meyi*	Okanran Mêji
Ògúndá méjì	*Ogunda Meyi*	Ogunda Mêji
Òsá méjì	*Osa Meyi*	Osa Mêji
Ìká méjì	*Iká Meyi*	Iká Mêji
Ótúúrúopọn méjì	*Otrupon Meyi*	Oturupon Mêji
Òtúá méjì	*Otura Meyi*	Otura Mêji
Ìrẹtẹ̀ méjì	*Irete Meyi*	Irete Mêji
Òsé méjì	*Oche Meyi*	Oxe Mêji
Ofun méjì	*Ofún Meyi*	Ofun Mêji

Cada odu principal representa também uma das moradas de *Ifẹ̀ Òrẹ́*, a "cidade" dos seres espirituais. No iorubá, *òrẹ́* corresponde ao português "amigo" e também a "bondade, benevolência"; e o substantivo *ifẹ̀* se traduz como "amor".

Quanto ao popular jogo de búzios, trata-se de uma variante da consulta feita com o opelê, na qual quem responde é Exu e não Ifá. Com o tempo, porém, essa modalidade foi incorporando elementos da concepção dos odus. Além desse, existem ainda outros processos simplificados de consulta, como aquele em que se utiliza o obi ou o coco partido e o próprio orixá responde às perguntas.

No conjunto dos odus – pilares sobre os quais se ergue a monumental cultura denominada Ifá –, incluem-se os que representam os dezesseis discípulos de Orumilá, já mencionados, mais os que complementam o rol. Todos eles integram também a conjugação de forças que, se atraindo ou repelindo, determinam a vida no Universo. Então, mais que um signo, cada odu é a expressão de uma Energia de grande intensidade.

Vejamos mais, segundo Ulli Beier, citado por Pierre Verger (1995, p. 54), que os iorubás não são apenas altamente conscientes do significado dos nomes, como também gostam muito de interpretar cada palavra que ouvem. Para eles, cada nome é na verdade uma frase que foi reduzida, através de vários cortes e eliminações, a uma só palavra. Assim, ao contrário da lógica ocidental, que impõe uma relação direta entre o significado (acepção, sentido, conceito) e o significante (som que traduz esse conceito), a palavra pode ser entendida de diferentes formas; e a compreensão se dá em função do grau de conhecimento da pessoa. Daí a ocultação do significado real das palavras sob uma imagem simbólica ou o uso extensivo de metáforas (cf. Paul Ottino, cit. por Verger, 1995, p. 55). E por isso, na tradição filosófica de Ifá, os odus raramente são referidos por seus nomes originais, sendo enunciados através de formas foneticamente delas derivadas, como se fossem cognomes, apelidos. Exemplos, escolhidos ao acaso: Idigbe em vez de Odi Ogbe; Ogbe Yonu em vez de Ogbe Ogunda; Ogbetumako por Ogbe Oturupon etc.

Com esses nomes cifrados, a tradição buscou associações com elementos verbais – como nomes de plantas, doenças, propriedades benéficas, passagens mitológicas etc. – ligados à ação desses odus ou aos efeitos que eles representam e propiciam.

O QUE DIZEM OS ITÃS

Grande parte dos itãs dos odus de Ifá referem-se à morte ou estão diretamente relacionados ao tema, como à vida longa e também à interrupção da existência de seres destinados a morrer cedo, como os abikus. Daí a necessidade de, assim que nasce uma criança, ouvir-se o que diz Ifá sobre seu destino.

Muitos odus também se relacionam a enfermidades e à superação de influências maléficas. Contos e fábulas relativos ao desejo de ter filhos igualmente aparecem em número significativo; e alguns deles condicionam a vinda de filhos à realização dos competentes sacrifícios. Um conjunto de outros aborda a conquista e a perda de mulheres ou maridos. O dinheiro, importante para a vida social, também é tema recorrente nos itãs: vários deles falam de aquisição ou perda em várias circunstâncias.

Itãs mais específicos condicionam, por exemplo, o futuro do consulente à iniciação em Ifá. Outros apontam a ocorrência de negatividade e perigo nas relações de amizade, etc., ou fatores impedindo ou perturbando o desenvolvimento de negócios e projetos. Assim, os itãs de Ifá concentram todo um universo de possibilidades para que se tenha vida estável, longa, sem doenças, sem perdas, sem acidentes; com boa sorte, dinheiro, paz e felicidade.

Outra utilização dos odus é sua associação a tratamentos medicinais. Em *Ewé*, importante obra de Verger (1995, p. 100–269), estão listadas cerca de 250 receitas de medicina tradicional, cada uma relacionada a um ou mais odus, e dirigidas a patologias ou estados mórbidos como os seguintes:

- **Anemia** – Ogbe Ofun
- **Blenorragia** – Ejiogbe; Ogbe Obara; Ogbe Otura

CAPÍTULO 5 · OS ODUS

- **Cegueira** – Ofun Mêji; Oxe Otura
- **Dermatoses** – Iwori Iká
- **Diarreia** – Odi Mêji; Otura Obara
- **Dor de dentes** – Oxe Odi
- **Dor nas costas** – Ogbe Iwori
- **Dor nos seios** – Ofun Odi
- **Dores no corpo** – Oyeku Mêji; Osa Mêji; Iwori Obara; Ofun Irete
- **Febre amarela** – Okanran Mêji; Owonrin Okanran
- **Gases intestinais** – Ejiogbe; Ogbe Iká; Ogbe Irete; Obara Ogunda
- **Hemorroidas** – Odi Mêji
- **Impotência (prevenção)** – Ejiogbe; Ogunda Mêji; Ogbe Odi
- **Inchaços** – Iwori Ofun; Ejiogbe; Ogunda Mêji; Ogbe Odi
- **Insônia** – Irosun Mêji; Iwori Irosun; Irosun Oyeku
- **Mudez** – Iwori Ofun
- **Palpitações** – Oyeku Odi
- **Pesadelos** – Ejiogbe; Ogbe Iká
- **Prisão de ventre** – Ogbe Ogunda
- **Reumatismo** – Iwori Mêji; Odi Mêji; Iká Mêji; Ogbe Otura
- **Sufocação** – Ejiogbe
- **Surdez** – Ogbe Oxe
- **Tosse** – Iká Mêji; Iwori Osa; Obara Ofun
- **Tremores** – Obara Oxe
- **Úlceras** – Ejiogbe; Ogbe Oyeku, Ogunda Iwori
- **Varíola** – Ejiogbe; Irosun Mêji; Okana Mêji; Ogbe Irete
- **Vermes intestinais** – Otura Ofun; Owonrin Otura

Os odus são sempre listados ou enumerados por ordem de precedência, a partir dos mais antigos e mais importantes: Ejiogbe, Oyeku, Iwori, Odi etc. Entretanto, em Ilorin, cidade situada no nordeste da atual Nigéria, o odu Obara Mêji sai da sétima posição para a quinta, no lugar de Irosun Mêji, seguindo-lhe os mêjis Owonrin, Okanran, Ogunda, Osa, Iká etc.

Observemos que o nome do odu formado pela combinação do décimo quarto com o décimo quinto não deve jamais ser pronunciado. E que outros aspectos práticos dos odus serão desenvolvidos nos capítulos relativos ao Ifá lucumí.

CAPÍTULO 6
Orixás, Irunmolés e Eborás

Até o século 20, o conjunto dos povos iorubás não cultuava uniformemente as mesmas divindades. Em diversos pontos de seu território, o culto a algumas divindades, desde muito tempo conhecidas no Brasil e em Cuba, ora aparecia, ora permanecia desconhecido. A razão, já mencionada nesta obra, quando falamos de "divindades locais", é que a gênese de boa parte desses cultos é a antiga veneração de ancestrais divinizados. Alguns orixás, entretanto, são, talvez desde tempos imemoriais, cultuados em todo o território iorubá, embora às vezes com outra denominação, como Obatalá ou Orixalá; Xangô ou Oramfé e Airá; Ossaim ou Elessijé, etc. (Verger, 1997, p.17–18).

O termo Orixá (Òrìṣà) é o genericamente usado para designar cada uma das divindades iorubás, exceto Olodumare, Olofim e Olorum. Esses transcendem a denominação comum, sendo em geral qualificados por suas propriedades, como o "Todo Poderoso", o "Preexistente", o "Incriado", o "Ministrador da Lei", o "Ser Supremo", como nos dicionários da língua iorubá listados em nossas Referências.

No ambiente africano, o orixá pessoal, de cada indivíduo, é herdado juntamente com seu *idilé,* o protetor de seu clã ou família; ou é informado por Ifá quando ele nasce. Nesse contexto, os orixás são, em princípio, divindades locais. Tomemos como exemplo Ilé Ifé.

Nessa cidade muitas vezes simbólica, de onde as concepções religiosas objeto deste nosso estudo se expandiram por todos os falantes da língua iorubá, os orixás se subdividem em: aqueles que seguiram Odudua após o mítico desentendimento deste com Obatalá – tais como Olocum, Oraniã, Obameri, Essi Dalê, Ossaim, Agueman e Obalufã –, e os seguidores de Obatalá, respectivamente Orixakire, Alaxé, Teko, Ijugbe e Aramfe, divindade do trovão, distinta de Xangô (Abraham, 1981, p. 483).

Entretanto, segundo Santos (1976, p. 75), na África a designação "orixás" é reservada aos *funfun*, ou seja, àquelas divindades simbolicamente identificadas com a cor branca, tais como Obatalá e Odudua. Os demais integram a corte dos irunmolés ou imolés (*irúnmọlẹ̀* ou *ìmọlẹ*). Na opinião de Verger, Orunmilá não é orixá nem eborá (*ẹbọra*), estando colocado entre os 400 imolés da esquerda, mencionados pelo reverendo Onadele Epega (cit. por Verger, 1997, p. 126–127), autor de *The mistery of the yoruba gods* ("O mistério dos deuses iorubás"), obra referencial, publicada em 1931.

Divergências conceituais à parte, consideremos que, entre os diversos povos iorubás, orixá é cada uma das entidades sobrenaturais, forças da natureza emanadas de Olodumare, Olofim ou Olorum, que guiam a consciência dos seres vivos e protegem as atividades de manutenção das comunidades. Consoante o antropólogo Ordep Serra (1995, p. 268), o termo distingue cada uma das divindades iorubanas que, embora se situem "num domínio transcendente", são capazes de se manifestar "no mundo da natureza e no horizonte da cultura".

Aproximando nosso tema da teoria geral sobre o surgimento das religiões na Antiguidade (Coulanges, 2001, p. 21), temos como certo que o culto aos orixás foi antecedido pelo culto aos antepassados. E, ao mesmo tempo em que já cultuavam seus mortos, os antigos habitantes do "país iorubá", da mesma forma que outros povos africanos, admiravam as forças da natureza, as energias do solo e das árvores; dos rios e mares; das montanhas; dos ventos e dos raios, etc., atribuindo-lhes atributos humanos e respeitando seu poder, até divinizá-las como orixás e fundindo, em alguns casos, seu culto ao de antepassados muito remotos.

Observe-se, aí, também, um fenômeno ocorrido, milênios antes, com os egípcios dos tempos faraônicos. Entre estes, como cada cidade tinha seus próprios deuses, os chefes religiosos de cada uma delas elaboraram e difundiram suas teologias (histórias sobre o nascimento das divindades e a criação do mundo), dando, assim, um grande passo em direção à unificação do fragmentado Egito. Então, interligando as divindades dentro de uma estrutura do tipo familiar hierarquizada, as cidades também foram classificadas de acordo com sua importância. E isto se percebe, entre os iorubás, com as cidades-estados de Ifé, sede da criação do mundo; Oyó, centro do poder de Xangô; Oxogbo, berço do culto de Oxum; Abeokuta, de Iemanjá, etc.

Nas sociedades iorubás, como em outros grupos tradicionais, o culto religioso é ou era dirigido a divindades restritas a cada grupo de parentesco, como clãs e linhagens. Assim, por exemplo, Obatalá era divindade do reino de Ilé Ifé; Oxalufã, de Ifon; Oxaguiã, de Ejigbo; Ogum, de Ondo e Ekiti; Xangô, de Oyó; Oxum, de Oxogbo; Iemanjá, de Abeokuta, etc. No caso deste importante orixá feminino, observe-se que seu culto era feito em águas fluviais, pois Abeokuta não é banhada pelo mar. No litoral oceânico, como em Lagos, antiga capital nigeriana, foi que, por exemplo, floresceu o culto a Olocum, orixá das águas salgadas do mar.

Também por isso, a própria classificação das divindades iorubanas não é um tema pacífico. Segundo algumas interpretações, o termo *irúnmọlẹ̀*, por exemplo, aplica-se a divindades que habitaram a Terra nos tempos primordiais e que participaram da Criação do Mundo. Também mencionadas como "imolé", vocábulo que parece remeter ao ambiente muçulmano (Abraham, 1981, p. 319), essas divindades, que formariam um panteão de 301 seres sagrados (número simbólico usado para designar uma enorme quantidade), seriam os próprios orixás. E isto porque, em outra linha de interpretação, irunmolés seriam apenas os seres divinos habitantes do *ìgbàlè*, bosque sagrado onde só os iniciados podem penetrar.

Os irunmolés se dividiriam entre os do lado direito (ọ̀tún) e os do lado esquerdo (òsì), como historicamente eram diferenciados os ministros dos reis (aláfin) de Oyó (Santos, 1976, p.76). Orixás, no sentido estrito, seriam apenas aqueles que vibram no campo de energia da cor branca (funfun), como já mencionado, os quais se caracterizariam por serenidade, suavidade, lentidão de movimentos, e associados a situações e condições de calma, repouso, silêncio e umidade.

Por sua vez, o termo ẹbọra – que parece remeter à expressão ẹ̀gbọ́n ará, "habitante muito antigo" – tem o significado de "homem poderoso, mitificado" (Dictionary, 1976, verb. ẹbọra). Segundo outra fonte essencial (Santos, 1976, p. 80), o vocábulo identifica os orixás genitores do "lado esquerdo", como Nanã Buruku, associada à lama e às águas do fundo da terra. E os assim classificados são também informados como espécies de Egunguns, espíritos de seres divinizados após a morte (Abraham, 1981, p. 172).

Já em Adékòyà lê-se que os irunmolés são divindades enviadas por Eledumare (Olodumare), de Ikole Ọ̀run, o "Céu primordial", para realizarem a Criação do Mundo. Conforme o autor, eles estão divididos em grupos distintos: feminino e masculino, do lado direito e do esquerdo. Deles, Orunmilá, Obatalá, Ogum, Xangô, Ôssum e Exu foram trazidos para o Ode Aiyé, a Terra, pelo odu Ejiogbe, como descrito no conhecido itã da "galinha de cinco dedos" que narra o ato da Criação. Esse episódio lendário se passa em Ilé Ifé, cidade sagrada, mítico berço dos povos iorubás. Entretanto, em outro mito, a cidade já era habitada por outros seres, com os quais Orunmilá se decepcionou e dos quais desistiu (Adékòyà, 1999, p. 79–80).

A diversidade às vezes existente entre relatos referentes a um mesmo evento lendário, gerou, na passagem para as Américas, muitos equívocos, como a persistência de mitos que muitas vezes se contradizem; e até a confusão de nomes e mesmo de gêneros. Assim, Odudua, herói fundador de Ifé, é confundido com Odua, que, segundo abalizadas interpretações (Beniste, 2010, p. 60-61), seria Odu Logboje, a mulher primordial, tida como a Iyá Mi da Sociedade Oxorongá, e referida em alguns relatos do odu Osa Mêji.

ODUDUA E ORANIÃ

Historicamente, Odudua é reconhecido como o fundador do reino de Ifé, o primeiro dos grandes Estados fundados pelos povos falantes da língua iorubá. Essa fundação teria ocorrido entre os séculos 9 e 13 da Era Comum. E tempos depois desse evento, teria acontecido a fundação do reino de Oyó, sob a liderança de Oraniã (Ọ̀rànmíyán), descendente direto de Odudua. O fato de Oyó ter permanecido fora da esfera de influência europeia direta até o século 19 (Alagoa, 2010, p. 530) foi fundamental para que a cultura e as instituições iorubás, entre elas a tradição de Ifá, chegassem bastante íntegras às Américas.

Em alguns dos mitos sobre a Criação do Mundo, o herói Oraniã (Oraniyán; Araminya), filho de Aganju, personifica o princípio masculino, sendo o princípio feminino personificado por Iemanjá (Palau Martí, 1964, p. 75).

A TRINDADE INCRIADA

Em algumas teorizações, Olofim, Olodumare e Olorum são nomes que identificam três diferentes expressões do mesmo Ser Supremo. Nelas, Olofim é o aspecto criador por excelência, causa e razão de todas as coisas, a personificação da Divindade, aquele que se relaciona diretamente com os orixás e os humanos. Já Olodumare ou Eledumare é a representação material e espiritual do Cosmos, eis que seu nome significa algo como "senhor da vasta extensão do universo", ou seja, o universo com todos os seus elementos, a manifestação material e espiritual de tudo quanto existe na Natureza. Por sua vez, Olorum é o Ser Supremo enquanto força vital e energia impulsionadora do movimento cósmico, manifestada através do Sol que aquece e ilumina. Ao contrário dos orixás, Olofim (do iorubá *Ọlófin*, o dono da Lei, o que ministra a Lei), Olodumare e Olorum não têm culto ou filhos específicos: as pessoas podem mentalizá-Los em orações, mas, em princípio, nenhum sacrifício lhes é oferecido diretamente, assim como não têm templos nem assentamentos que lhes sejam especialmente dedicados. No ambiente lucumí, entretanto, *Olofin* é homenageado em algumas cerimônias, como veremos adiante.

ORI, A MENTE

Segundo o saber de Ifá, o Ori (a mente, conteúdo espiritual da cabeça; a consciência), também um orixá, é a essência do destino, da sina, da sorte do ser humano e a mais importante força responsável pelo sucesso ou o fracasso de uma pessoa. Além disso, o Ori é a divindade pessoal do indivíduo, a qual governa sua vida e estabelece, em seu benefício, comunicação com as divindades maiores. O que não tenha sido sancionado pela mente humana não pode ser aprovado pelas divindades, ou seja: "Nenhuma divindade abençoa um ser humano sem o conhecimento do seu Ori", diz o odu Ogunda Mêji (cf. Abímbọ́lá, 1996).

ORUNMILÁ, O GRANDE BENFEITOR

Em iorubá, o nome Ọ̀runmìlà é muitas vezes decomposto através da frase Ọ̀run-mọ-ẹniti-o-máa la, "só no infinito, aquele que irá sobreviver [o único que irá sobreviver no Infinito]" (Adékọ̀yà, 1999, p. 66). E Ele é, juntamente com Odudua e Obatalá, uma das Deidades primordiais. Também chamado Elá ou Agbomiregun, é o dono da escrita, porque "escreve" pelos orixás e ensinou aos babalaôs a escrita dos textos nas bandejas de adivinhação, os oponifás. Trata-se, pois, de um erudito, um sábio, do qual emana todo o conhecimento e toda a sabedoria dos odus.

Orunmilá estava presente quando Olodumare (o Todo Poderoso) criou o Céu e a Terra. Então, ele sabe tudo sobre a história do Céu e da Terra e domina o conhecimento das leis morais e físicas através das quais Olodumare governa o universo. Por isto, Orunmilá é cultuado como o Sábio conselheiro, o historiador e o guardião de todo o saber divino (cf. Abímbọ́lá, 1996, p. 98).

EGUM (*ÉGÚN*)

O Culto de Ifá estabelece também estreita relação com a propiciação dos espíritos e almas dos ancestrais, tanto os da comunidade de culto, desde os fundadores mais remotos, quanto os de cada iniciado. Todos os ritos e cerimônias da tradição de Ifá compreendem reverências a esses mortos, invocados e evocados preliminarmente e também presenteados com oferendas propiciatórias e apaziguadoras.

CAPÍTULO 7
Da África para as Américas

A oralidade ancestral iorubana conta que, a mando de Olodumare (o Criador do Universo, organizador da matéria pré-existente), Orunmilá, a divindade que conhece todos os segredos, encontrava-se em Ilé Ifé, lugar onde nasceu o culto que lhe foi entregue e ao qual está ligado o oráculo Ifá. Este oráculo, considerado como sendo o porta-voz da vontade das divindades, foi adotado com variantes locais, como já mencionado, pelos povos vizinhos dos iorubás.

Entre o povo fon do Benim, antigo Daomé, no século 18, uma das mais importantes divindades era Fá (*Fa*), mencionado como originário do reino iorubano de Oyó. Ele presidia os rituais divinatórios, revelando aos indivíduos as divindades que deveriam cultuar e os ritos apropriados para obter seus favores e aplacar sua cólera. Cada indivíduo possuía seu próprio Fá, ao qual era consagrado em várias etapas, principalmente aos dez anos, na adolescência e na idade adulta (Hurbon, 1993, p. 16).

Entre o povo mina da atual República do Togo, o oráculo é conhecido como *Afan*. Esse termo designa um conjunto de rituais idênticos aos praticados em Cuba e no Brasil para a consulta a Ifá, como registrou e descreveu, na década de 1970, o fotojornalista Gert Chesi (1980, p. 144).

Segundo B. Maupoil (1965, p. 119–120), em texto incluído no livro *Textes sacrés d'Afrique noire*, Fá (nome de Ifá no Benim) transmite "frescor e tranquilidade"; e demonstra todas as qualidades de gentileza, compreensão e clemência, sendo efetivamente o intermediário e conciliador entres os humanos e as forças sobrenaturais. Satisfazendo as necessidades de segurança de todos, Ele é sempre tido como o grande protetor e benfeitor da Humanidade. Entretanto, segundo o autor mencionado, esta é apenas a visão geral, popular, comum, de divindade benevolente compassiva. Porque Fá , muito além disso, não é o "mensageiro" e sim a própria Mensagem do mais alto princípio divino; não é a voz, a palavra, mas a Vontade e a expressão de um *fatum* (evento profético) indiscutível e a confirmação do determinismo que marca o destino humano, por Ele revelado.

Vê-se, então, que diversos povos oeste-africanos podem eventualmente ter trazido para as Américas práticas dessa modalidade de geomancia, e as interpretado, nas terras de seu exílio forçado, sobretudo em Cuba e Brasil. Mas os traços que aqui permaneceram mais nítidos são, sem dúvida, os que ainda hoje se identificam entre os iorubás da Nigéria, conjunto de povos que, de um modo geral e muitas vezes independente de filiação religiosa, não tomam nenhuma decisão importante nem celebram nenhum evento marcante sem consultar Ifá.

A ALMA DA ÁFRICA DISTANTE

O território da República de Cuba, constituído por um arquipélago localizado no Golfo do México, tendo ao norte o Oceano Atlântico e ao sul o Mar do Caribe, compreende as ilhas de Cuba e da Juventude, além de diversas ilhotas, chamadas *cayos* no espanhol cubano. Inicialmente habitado por populações indígenas, o território recebeu os primeiros exploradores espanhóis em 1508, sendo a partir daí, aos poucos, conquistado e colonizado. Para essa colonização, em 1526 chegava à grande ilha o primeiro carregamento de africanos escravizados, destinado ao trabalho nas primitivas fazendas produtoras de cana-de-açúcar e café.

Da mesma forma que no Brasil, esses trabalhadores escravizados tinham diversas procedências. No século 16, predominavam entre eles os embarcados em portos localizados na faixa costeira entre os atuais litorais de Congo e Angola, bem como entre os atuais Senegal e Gana. A partir do século seguinte, chegavam também contingentes embarcados em portos do Oceano Índico, localizados na chamada "contracosta", que se estendia do Quênia a Moçambique e daí até a África do Sul.

No período mais intenso do tráfico transatlântico, entre as décadas de 1770 e 1830 – período marcado pelo apogeu e o declínio dos iorubás do reino de Oyó –, Cuba, assim como o Brasil, recebeu grandes contingentes de cativos provenientes da longa faixa costeira estendida do Senegal até a região do Calabar, próxima à atual fronteira com Camarões. E dessa procedência foi que vieram juntar-se aos congos (de Congo e Angola), entre outros povos, os mandingas (de Senegal, Guiné, Mali e vizinhanças); ararás (Benim, Togo, etc.; no Brasil, jejes); carabalis (Calabar) e lucumís (iorubás).

No século 19, a dominação britânica na Nigéria, a alemã no Togo, e a francesa no antigo Daomé, depois do verdadeiro genocídio motivado pelo tráfico negreiro, certamente confundiram e enfraqueceram a percepção e o domínio dos africanos sobre os fundamentos da Religião Tradicional. Assim, nas Américas, apesar dos esforços de alguns grupos de libertos em se manterem coesos e até mesmo enviar filhos à África em busca de aprimoramento religioso, muito se perdeu, ao ponto de, na primeira metade do século 20, a tradição de Ifá ter quase desaparecido no Brasil, mantendo-se apenas como uma espécie de linha auxiliar e subterrânea do culto aos orixás. Em Cuba, entretanto, a tradição foi melhor preservada; e parece ter-se revigorado a partir da década de 1960.

Entre todos os africanos tornados cativos e levados até Cuba, para trabalhar nas fazendas e nas cidades, os procedentes da África Ocidental subsaariana (lucumís, ararás, mandingas etc.) e os da África Centro-ocidental (congos, majoritários em todas as Américas) foram os que mais influenciaram o processo de integração ao sistema cultural e religioso da Ilha. E, entre eles, os lucumís rapidamente conseguiram estender suas manifestações e fixar uma linha de influência bastante ostensiva nas outras culturas, inclusive as já estabelecidas antes do século 17 (Barnet, 1995, p. 5).

Aqui, observemos que o uso do termo "lucumí" como sinônimo de "iorubá" merece ressalva. E isto porque, segundo Luís Nicolau Parés (2016, p. 44), algumas versões sustentam que indivíduos desse grupo, migrando para o oeste da chamada "Iorubalândia" teriam sido os responsáveis pela fundação do reino de Uidá, dominando os *hulas* locais e se amalgamando com eles, assim constituindo um povo diverso, embora falante de uma variante dialetal da língua iorubá.

Feita a ressalva, vejamos que, em 1518, no primeiro recenseamento da população cubana, o número de escravos africanos introduzidos até então era de 700 indivíduos (FAR, 1985, p. 34). Mas em meados do século 18, quando o tráfico negreiro ganhou mercado em dimensão mundial e a escravidão africana, por isso mesmo, se tornou mais brutal e impiedosa, a insaciável fome de lucros dos envolvidos nesse negócio ocasionou a remessa massiva de falantes do iorubá para Cuba, como também para o Brasil. A maioria era vítima das guerras que assolaram a região dos atuais territórios de Nigéria e Benim.

Então, a história de Ifá, bem como dos orixás e demais divindades africanas cultuadas nas Américas, começa na África ocidental, nos territórios dos povos conhecidos no Brasil como nagôs e jejes e em Cuba como lucumís e ararás, provenientes respectivamente da atual Nigéria e do antigo Daomé. Esses povos, durante muito tempo em guerra, protagonizaram, a partir do século 17, acontecimentos decisivos, como vimos no Capítulo 1.

As guerras, estendidas por quase um século, determinaram o incremento do cativeiro e do tráfico, para as Américas, de indivíduos de todos esses povos envolvidos. Assim, confirmando a tradição, estudos recentes de autores como Reis (2008) e Parés (2006), atestam a presença, no século 18, de cultos domésticos que constituíram a semente do candomblé na Bahia. No mesmo sentido, outros autores fixam o período entre 1825 e 1830 como o da chegada a Cuba, como escravos, dos primeiros babalaôs africanos cujos nomes a história preservou.

PATAKÍS, OS ITÃS LUCUMÍS

Em Cuba, na cultura lucumí adiante explicada, as narrativas do oráculo Ifá, conhecidas na origem como itãs (*itán*, *ìtàn*), são também referidas como *patakís* ou *patakín*. Na língua iorubá, *pàtàkì* é o termo que adjetiva "algo muito importante" (Abraham, 1981, p. 546). E daí foi certamente que chegou ao falar lucumí cubano a designação de cada uma dessas peças de literatura oral, emanadas do oráculo Ifá, através das quais o babalaô comunica ao consulente os resultados anunciados pelos odus. Boa parte dos *patakís*, talvez a maior, são relatos mitológicos relativos aos diversos caminhos ou avatares dos orixás iorubanos. Deles se originaram muitos fundamentos que sustentam o culto de Ifá e dos Orixás, tais como tabus, definições etc. Sua principal característica é a intenção didática e moralizadora, sendo que os *patakís* especificamente relativos às Divindades facilitam a compreensão de aspectos essenciais ao culto (Martinez Furé, 1997, p. 213).

Em Cuba, essas manifestações literárias cultivadas no ambiente lucumí são muito populares porque ricas em todo tipo de matizes, expressando uma ampla gama de diversidade. Cada um dos provérbios que correspondem a um odu constituem a moral de um ou diversos *patakís*. Por exemplo, ao odu Obara Mêji corresponde, além do conhecido provérbio "Da mentira nasce a verdade", outros como "A língua é o chicote do mundo" e "O Rei não mente" (Fernández Martinez, 2005, p. 160-165).

No *itá*, cerimônia na qual se dizem a um recém-iniciado seu passado, seu presente e seu futuro mediante consulta aos búzios (*merindilogún*), *patakís* são sempre recitados. Cada um dos orixás que se manifestam "fala" segundo a posição em que caem os búzios lançados na esteira pelo *obá oriaté*, e que correspondem cada uma a um odu ou "letra". O *obá oriaté*, babalorixá especialmente convidado para a cerimônia do *itá*, deve ser um especialista na interpretação das caídas dos búzios através de *patakís*. Em suas interpretações, ele vai aplicar os sentidos de cada narração às situações vividas pelo iniciando, inclusive naquele momento. O mesmo sucede em uma consulta com utilização do sistema Ifá.

Numa cerimônia religiosa, quando se narra um desses contos, lendas ou fábulas, o que se leva em conta é a interpretação do significado de cada um e a importância do momento e da circunstância em que é pronunciado (Fernández Martinez, 2005, p. 182).

IFÁ NO BRASIL

Em 1916, já sexagenário, Manuel Querino, intelectual afrobaiano autodidata, militante abolicionista e da causa negra, falecido sete anos depois, apresentava no 5º Congresso Brasileiro de Geografia a tese *A raça africana e seus costumes na Bahia*, na qual assim escreveu:

CAPÍTULO 7 · DA ÁFRICA PARA AS AMÉRICAS

O Ifá – É uma divindade representada por dois vasos, contendo cada um dezesseis frutos de *dendê* que apresentem somente quatro olhos ou sinais de orifício. Para olhar com o ifá encerram-se os frutos nas mãos, que se sacodem de um lado para outro. À proporção que os *ifás* caem, um a um, o *olhador* vai predizendo o que há de acontecer. E assim satisfaz à consulta que lhe é feita, mediante pequena soma pecuniária [...]. O vidente, que também se chama *Babá-la-ô* prevê o que está para suceder, e esta só circunstância lhe cria grande clientela, até mesmo entre pessoas qualificadas. (Querino, 1955, p. 55)

Manuel Querino, então, só viu as aparências. E o célebre Nina Rodrigues (1977, p. 228) nem isso teve oportunidade de observar, pois só citou o opelê, que, aliás, descreveu como "uma cadeia de metal em que de espaço a espaço se enfia uma meia noz de manga seca".

Recentes pesquisas levadas a efeito pelo historiador João José Reis (2008) apontam para a presença de Ifá – o Oráculo, mas ainda sem o culto que se desenvolveu ao redor dele – na cidade de Salvador, Bahia, pelo menos já na primeira metade do século 19. Os indícios estão na biografia do africano liberto Domingos Sodré, nascido por volta de 1797 em Onin, na atual Nigéria, chegado à Bahia na condição de escravo entre 1815 e 1820, autoalforriado em 1836 e falecido em 1882.

Sacerdote ativo na cidade, o biografado parece ter sido um babalaô e utilizado o sistema divinatório objeto deste trabalho. Baseada inclusive em fontes primárias, a biografia informa que, nas primeiras décadas do século 19, a cidade-estado de Onin, na atual Lagos, também mencionada como Ekó, não tinha uma vida religiosa tão rica quanto a de outros reinos, como Ifé e Oyó, mas acabou por abrigar uma monarquia divina, adotando instituições dos reinos mencionados. Lá, segundo o autor, o babalaô ficava situado muito próximo do círculo de poder e tinha seus serviços regularmente utilizados pelo rei (Reis, 2008, p. 133).

Segundo o etnólogo Edison Carneiro (1961, p. 149-150), na Bahia, em tempos antigos, havia babalaôs, tanto nagôs quanto jejes (do Daomé). A eles, conforme o autor, cabia não só prognosticar o futuro como estabelecer regras de conduta para as comunidades dos candomblés e contornar as dificuldades da vida. Eram mestres religiosos, aos quais cabia a última palavra em qualquer assunto que exigisse não só conhecimentos específicos, mas também um contato mais íntimo com as forças invisíveis da natureza.

Na passagem para o século 20, no eixo Bahia-Rio de Janeiro, destacaram-se, na organização de algumas das principais casas de culto, os sacerdotes Bamboxê Obitikô (Rodolfo Martins de Andrade, c. 1830-1890), avô do babalaô baiano Felisberto Sowzer (Oguntosi), conhecido como "Benzinho". Somem-se a estes os nomes de Joaquim Vieira da Silva (Obá Sanya), babalaô conhecido em Recife, Salvador e Rio; e Martiniano Eliseu do Bonfim, nascido na Bahia em 1858. Entretanto, por volta da década de 1930, apenas dois babalaôs eram conhecidos na Bahia, os mencionados Martiniano e Benzinho, ambos filhos de africanos de Lagos (Onin) e falantes do nagô. Assim, Ifá não tendo, ao que sabemos, culto organizado na Bahia – o que impossibilitava a renovação dos quadros sacerdotais –, acabou se restringindo à prática divinatória.

Em Recife, escreveu René Ribeiro (1978, p.87-89), o papel representado por Orunmilá, Fá ou Ifá foi de grande importância, embora raramente se falasse a respeito. Segundo esse autor, na cidade, as práticas divinatórias sendo um privilégio dos babalaôs, com a morte de quase todos, sem que houvessem

CAPÍTULO 7 · DA ÁFRICA PARA AS AMÉRICAS

treinado adequadamente seus sucessores, as ações rituais e formulações teóricas mais complexas foram caindo no esquecimento, com babalorixás e ialorixás acumulando funções, sem, entretanto, terem treinamento específico e qualificado. Note-se que Verger (cit. em Lühning, 2002, p. 194) estampa uma relação de nove antigos babalaôs atuantes na capital pernambucana, identificados por seus nomes civis e religiosos.

Entre as décadas de 1970 e 1990, o antropólogo e etnomusicólogo José Jorge de Carvalho recolheu e analisou farto material revelador da religiosidade profunda e transcendente contida na tradição dos odus. Sua pesquisa confirmava a sobrevivência de resquícios do culto de Ifá em Recife, inclusive referindo a saudação ritual dos babalaôs na forma *Orunmila ki boru; Orunmila ki bó síse* (Carvalho, 1993, p.65), comparando-a com as formas apresentadas nos estudos de Wande Abímbọ́lá e William Bascom. A respeito desta saudação, consagrada também na forma *Iboruboya, ibosise*, vale dizer que em Abraham é consignada a forma *Aboru-boye o!* traduzida aproximadamente como "Eu te saúdo, sacerdote *(aboru)* de Ifá!" (Abraham, 1981, verb. *Ifa*, p. 268).

As pesquisas de Carvalho tiveram por base o Sitio do Pai Adão, comunidade religiosa sempre referida como a mais antiga casa de culto nagô em Pernambuco. Sobre Pai Adão, nome pelo qual foi conhecido Felipe Sabino da Costa (c.1877–1936), saiba-se que era também filho de um africano de Lagos e que, em 1906, foi à Nigéria aprimorar seus conhecimentos religiosos, tendo, na volta, estabelecido definitivamente sua casa de culto, na qual, no início da década de 1930, recebeu, com honras rituais, o babalaô baiano Martiniano do Bonfim (Lopes, 2011, p. 30–31).

Ainda no nordeste brasileiro, registremos o seguinte: no livro *Legba, a guerra contra o xangô em 1912*, o pesquisador Fernando Antônio Gomes de Andrade (2014, p. 85–87) apresenta um quadro com nomes e títulos sacerdotais de líderes religiosos vítimas da forte ação repressiva ocorrida em Maceió, capital do estado de Alagoas, no ano mencionado no título da obra, tendo por objeto a modalidade de culto conhecida como "xangô". Dos mencionados, num total de 25 líderes, homens e mulheres, referidos principalmente como babalorixás e ialorixás, dois – um de nome "Félix" e outro chamado "Inácio", sem sobrenomes ou alcunhas – eram especialmente qualificados como babalaôs. E isso atesta a presença de Ifá naquele estado nordestino no início do século 20. No mesmo livro, entre os objetos apreendidos por policiais, é referido um "asé", certamente um *aséén*, termo que entre os fons (jejes) do atual Benim designa uma espécie de Ôssum, objeto simbólico do orixá de mesmo nome. Sobre ele, escreveu o autor, à página 115 do livro citado: "O *asé* é também objeto ritual de Ifá ou Fá, divindade dos vaticínios, por isso de grande importância para a religião."

No Rio de Janeiro, antiga Capital Federal, em 1904, o jornalista e escritor João do Rio publicava uma série de reportagens intitulada *As Religiões no Rio*. Nesse conjunto de matérias, mais tarde publicadas em livro, na parte intitulada "No mundo dos feitiços", o autor mencionava a presença do sistema divinatório de Ifá, inclusive enumerando os odus na forma seguinte: "*Os ifás são 16: eidi-obé, ojécu-meiji, jori-meiji, obará-meiji, ocairá-meiji, egundá-meiji, oxé-meiji, oturá-meiji, oreté-meiji, icá-meiji, eturafã--meiji, axé-meiji e ogi-ofun*" (Rio, 2006, p. 79). Nesta enumeração, mesmo estropiadas as transcrições dos nomes dos odus e alteradas algumas hierarquias, podemos identificá-los. Além disso, em outro trecho da matéria, João do Rio registra na fala de um personagem, embora também estropiada, a saudação ritual dos babalaôs: " – *Orunmilá boru ibó. Ibó bó, xixé!*" (Rio, 2006, p. 80).

Mas a tradição realmente se perdeu. Tanto que, em seu pioneiro e importante *Dicionário de Cultos Afro-brasileiros*, a museóloga Olga Gudolle Cacciatore (1988), no verbete "babalaô", abordava o tema sempre no passado, culminando com esta frase: "Houve poucos babalaôs verdadeiros no Brasil e atualmente não os há mais."

Algumas especulações sobre a extinção do culto de Ifá no Brasil e a sobrevivência apenas do oráculo, mas em suas formas mais simplificadas, apontam como causa a resistência dos sacerdotes em criar sucessores. Outras mais apontam uma possível prevalência do jogo de búzios, ao qual as mulheres, principalmente quando filhas de Oxum, têm acesso franco. Em nossa avaliação, a razão maior pode ter sido o fato de que a iniciação de babalaô, pelo menos dentro da tradição lucumí, envolve obrigatoriamente a participação de diversos sacerdotes, num número estimado em 16, que é o simbólico de Orunmilá.

A EXPERIÊNCIA CUBANA

Como já vimos, entre os africanos de Cuba, o vetor mais influente do ponto de vista religioso foi o lucumí, termo que na Ilha designa genericamente o indivíduo originário do "país iorubá" e tudo o que lhe diz respeito, inclusive sua língua e sua religião. Assim, o sistema divinatório de Ifá e o culto religioso que lhe corresponde, praticados em Cuba, configuram o "Ifá lucumí"; e esta denominação serve principalmente para estabelecer as pequenas diferenças existentes entre esta forma e aquela vigente em território africano com suas variantes locais.

O uso do termo *lucumí*, em Cuba, da mesma forma que seu correspondente *nagô*, no Brasil, já foi discutido em diversas hipóteses. Fernando Ortiz (1985, p. 315) menciona uma região outrora denominada *Ulcumí* como o étimo do vocábulo, o que é consignado em outras obras. O mesmo Ortiz, em seu *Glosario de afronegrismos*, localiza a "região Ulcumí" a nordeste do antigo Benim, "quase no delta do Níger", e a distingue como hábitat de "um povo poderoso e influente" (Ortiz, 1990, p. 266). Nicolau Parés (2016, p. 44) consigna que parte desse povo teria migrado das cercanias de Oyó na direção oeste e, no território do atual Benim, teria fundado o reino de Uidá, onde, através de miscigenação com populações nativas, teria formado o povo huedá.

Assim, apesar de muitas fontes terem dado como origem da denominação *lucumí* a expressão *oluku mi*, "meu amigo", talvez usada entre os antigos falantes do iorubá em Cuba, efetivamente houve ou existe, entre os povos vizinhos de Oyó, um chamado lucumí.

Realcemos que a entrada massiva de pessoas desse grupo em Cuba, a partir do final do século 18, deu-se como consequência do protagonismo assumido pela indústria cubana do açúcar em face dos prejuízos causados pela Revolução Haitiana na ilha vizinha. E que, nesse momento histórico, as guerras entre os iorubás de Oyó e os daomeanos de Abomé, bem como as guerras internas, como informadas no Capítulo 1, também concorreram decisivamente para a escravização e a venda, para as fazendas cubanas, de muitos indivíduos provenientes do sudoeste da atual Nigéria, núcleo principal dos povos falantes da língua iorubá e respectivos dialetos.

Outros registros informam que os primeiros lucumís entraram em Cuba numa época incerta, talvez no século 16. Mas os tambores batá, caracteristicamente iorubanos, só teriam aparecido, segundo Ortiz (1995, p. 73), em sua forma definitiva e seu caráter sagrado, no século 19. E isto teria acontecido por volta de 1830, quando chegou a Cuba, como escravo, o africano Añabi, conhecido como *Ño Juan El Cojo* (o "Coxo"), o qual, em sua terra, teria sido babalaô, olossaim e onilú (*onílù*, tocador de atabaque). Reencontrando seu companheiro Atandá (Filomeno García), com ele Añabi confeccionou o primeiro jogo de três tambores batá (*iyá, itótele* e *okónkolo*) autenticamente lucumís que soou em Cuba, provavelmente no Cabildo Yemayá, dirigido pelo legendário Adechina.

O PAI DO IFÁ CUBANO

O nome "Adechina" é a transcrição cubana do nome próprio iorubano *Adẹ́sìnà*, traduzido como "a coroa remove as barreiras do caminho" (Carvalho, 1993, p. 191). Foi o nome iniciático pelo qual passou à história o babalaô Remígio Herrera, que teria chegado a Cuba provavelmente na década de 1820, trazendo os fundamentos da *Regla de Ifá*, expressão melhor explicada no Capítulo 8.

Uma das versões de sua biografia diz que, trabalhando em um engenho de açúcar, esse venerado personagem, graças à condição de **babaláo** (babalaô) consagrado em Oyó, teria tido, por volta de 1827, sua alforria comprada pela cotização de um grupo de adeptos; mas, segundo outras versões, nunca teria sido cativo. O que parece indiscutível é que, nessa década, Adechina teria fundado, na cidade de Matanzas, o Cabildo Lucumí Santa Bárbara, no bairro Alturas de Simpson (Ramos, 2018).

Em Cuba, como em outros países da América hispânica, *cabildo* era o nome que se dava às associações de fundo social, recreativo e religioso, criadas pelo povo negro. Assim, presidindo o Cabildo Lucumí, Adechina viveu longos anos em Matanzas, até que, em 1866, mudou-se para Regla, povoado próximo a Havana, onde, juntamente com os célebres Atandá Fálúbí e Añabí (ou Àyànbí), fundou o Cabildo Yemayá. Aí, no ano de 1889, a 31 de dezembro, tornou-se o primeiro **babaláo** a tirar a "letra do ano" em Cuba.

A "letra do ano" é o importante ritual anual em que um grupo de **babaláos** consulta Ifá para obter informações e aconselhamentos, envolvendo sua comunidade e mesmo o país e o mundo, sobre os prognósticos de eventos previstos para o período a se iniciar ou já em curso. E, naquele ano de 1889, Adechina teve ao seu lado os seguintes afilhados: Mark Garcia (Ifalola Ejiogbe Mêji), Oluguere (Oyekun Mêji), Eulógio Rodriguez (Tata Gaytán Ogundafun), José Carmen Batiste (Obewene), Salvador Montalvo (Okana Mêji) e Bernardo Rojas (Irete Untendi). Em 1902, enfrentando sérios problemas de saúde, o Mestre teve a substituí-lo seu afilhado Tata Gaytán, o qual assumiu a responsabilidade pela cerimônia, ao lado dos seguintes babalaôs: Secundino Crucet (Osaloforbeyo), Bernabé Menocal (Babá Ejiogbe), Quintin Lecón Garcia (Oturaniko) e José Asunción Villalonga (Ogundamasá).

Com o falecimento de Adechina em 1905, Bernardo Rojas foi apontado como seu sucessor, tendo, entretanto, a cerimônia da "letra" sido realizada sob a supervisão de Tata Gaytán Ogundafun, o que se repetiu pelos anos seguintes.

Adechina viveu os últimos anos de sua vida em Regla, pequena cidade litorânea, vizinha a Havana. Sua filha biológica, a **yalocha** (ialorixá) Josefa Herrera (Pepa Echubí), morreu octogenária na década de 1950, cega e mutilada, mas ainda gozando de grande prestígio entre os *santeros* cubanos, dos quais mereceu honras fúnebres completas.

Algumas fontes mencionam, com o mesmo nome iniciático Adechina, o africano Eulógio Gutierrez – distinto de Eulógio Rodriguez Gaytán, o Tata Gaytán. Mencionado como escravo em um engenho na cidade de Matanzas, em 1880, abolida a escravidão, esse personagem teria regressado à África, lá iniciando-se no culto de Ifá. Em contato com suas origens, teria se tornado um respeitado babalaô. De nobre família e vivendo tranquilo, teria então recebido de Orunmilá a ordem para regressar a Cuba e lançar os fundamentos do culto de Ifá e a ciência ritual da adivinhação por meio do opelé. Segundo a lenda, este Adechina teria voltado a Matanzas, cumprido a determinação, e, para admiração geral, teria comprado o engenho onde fora escravo, transferindo-se depois para Regla e constituindo a primeira geração de babalaôs cubanos. Entretanto, tudo leva a crer que esses dados resultem de confusão de biografias.

Outra versão da biografia de Remígio Herrera (o primeiro Adechina, mais corretamente identificado pelo odu de sua consagração, Obara Mêji), informa que, em 1881, este venerável *babaláo* era um homem de recursos e bem relacionado, que teve a oportunidade de retornar à Nigéria numa viagem decepcionante, que certamente determinou sua vontade de restaurar a religião de seu povo em terra cubana, onde deixou seu nome perpetuado nas *moyubas* (recitativos rituais das linhagens de antepassados, religiosos e biológicos) repetidas todos os dias, em várias partes das Américas e do Mundo, pelos seguidores de sua tradição.

OUTROS VENERÁVEIS

Outro pioneiro, de memória igualmente reverenciada, foi Eulógio Rodrigues Gaytán, mais referido como Tata Gaytán ("Pai Gaytán"), cognome ao qual se apõe o odu de sua iniciação, Ogundafun. Este foi, segundo os antigos, o primeiro babalaô consagrado em Cuba. Afilhado de Adechina, destacou-se por volta de 1900 também como o primeiro a entregar a afilhados os assentamentos de Olocum, lançando assim os fundamentos do culto dessa importante Divindade, senhor dos domínios do mar oceano. Com o falecimento de Tata Gaytán, em 1945, outro afilhado de Adechina se destacava no ambiente dos grandes *babaláos* cubanos. Era o já citado Bernardo Rojas (Irete Untedi), o qual, além de ter consagrado mais de duzentos afilhados (dando origem à mais numerosa família sacerdotal, ou *rama*, constituída em Cuba) e se destacado como um dos mais sábios de seu tempo, cuidou de Adechina até o falecimento desse grande oluô.

Após 1959, ano do falecimento de Bernardo Rojas, emergiu a liderança de Casimiro Elpídio Cárdenas (Otura Sa). Iniciado em 1953, teve como padrinho Arturo Peña (Otrupon Bara Ife). Da *rama* de Elpídio Cárdenas foi que vieram os sacerdotes que restabeleceram as bases da tradição de Ifá no Brasil, como veremos adiante.

Outros destacados *babaláos* desta linhagem foram: Fernando Molina (Babá Eyogbe); Ramon Febles (Ogbe Tua); Benito Ochepaure, intelectual e erudito, que tomou a si a tarefa de registrar por escrito os saberes de Ifá; Geraldo Valdés (Ojuáni Alakentu) e Manolo Ibañez (Oche Trupon).

Por fim, vejamos que, provavelmente, um dos primeiros registros da existência da prática de Ifá em Cuba está em um artigo jornalístico do ano de 1904, citado por Fernando Ortiz (2001, p. 109). O texto menciona um "tabuleiro de cerimônia" feito de *caoba* (acaju), com 10 ou 12 polegadas de diâmetro (cerca de 30 cm), cuja borda estava entalhada com motivos semelhantes a arabescos. Em sua superfície, segundo a notícia, o *ulúe* (certamente oluô) traçava, com o dedo maior da mão direita, sobre a farinha de trigo nele espalhada, duas linhas diametrais e depois, com o dedo anular riscava ondas ao acaso. Esse procedimento ainda ocorre, na atualidade, quando o ***babaláo***, após a terceira parte da consulta, fechando o ebó, pergunta sobre o destino dos materiais utilizados e do animal ou animais sacrificados.

CAPÍTULO 8
A Criação Reinterpretada

Entre as inúmeras abordagens sobre Ifá, a dos autores cubanos Piñero e Espinosa, já mencionados, merece nosso interesse por aproximar o tema de concepções eruditas sobre a origem e a finalidade do Universo, dentro de um "roteiro cósmico", como o proposto pelo filósofo e teólogo brasileiro Huberto Rohden (2011). Assim, dedicamos este capítulo à reinterpretação da Criação do Mundo iorubá apresentada pelos referidos escritores. Mas o fazemos tendo como base os princípios reunidos por Juana Elbein dos Santos (1972, p. 53-71), numa síntese que resultou no texto a seguir.

AS ORIGENS

No princípio só existia a escuridão total, onde morava Exu-Elegbara. Dentro dela, havia um núcleo de luz, ar e água, onde morava Olofim. Então, Olofim resolveu fazer o tempo caminhar, dando origem, assim, a um número infinito de baixas vibrações, para tecer o Universo. Depois, soprou com força; e das partículas de seu hálito formaram-se as estrelas e os sistemas planetários. Quando Olofim criou as estrelas, a escuridão total se iluminou.

Então, Exu-Elegbara perguntou a Olofim quem Ele era. "Eu sou Olofim", respondeu o Ser Supremo. "E vi que a escuridão que nos rodeia não fornece a base para a plenitude da existência. Por isto, resolvi criar a luz, para que a vida possa florescer e ficar bonita."

Exu-Elegbara, embora reclamando por ter perdido o espaço que ocupava, concordou com Olofim e resolveu colaborar em Sua tarefa, ajudando a formar, fazer crescer, transformar, comunicar, desenvolver, mobilizar, resolver todos os impasses, achar todos os caminhos necessários e auxiliar os seres humanos e as entidades espirituais em suas atribuições.

Em seguida, Olofim criou Olodumare e Olorum, entregando ao primeiro o domínio dos espaços e, ao segundo, o domínio da energia. Esses dois tornaram-se, então, os senhores do Universo, que compreende nosso sistema solar, a Terra e a Lua.

Olofim é, assim, o aspecto criador por excelência, causa e razão de todas as coisas, a personificação da Divindade, aquele que se relaciona diretamente com os orixás e os homens. Olodumare é o Universo com todos os seus elementos, a manifestação material e espiritual de tudo quanto existe na natureza. Olorum é o Ser Supremo – força vital e energia impulsionadora do Universo, manifestada através do Sol que aquece e ilumina. Então, Olofim criou Odudua, Obatalá e Orunmilá, que seriam os benfeitores da futura humanidade. Depois, fez com que as coisas fossem separadas umas das outras – à frente, atrás, em cima e embaixo –, e, assim, estabeleceu a noção de espaço. Como se sentia só, criou, de si mesmo, um número infinito de seres, para distribuí-los por todo o espaço, durante todo o tempo. Ele fez isso misturando diversas vibrações, para diferenciar os seres uns dos outros, de modo que cada um tivesse suas próprias características.

Continuando, Olofim assoviou à direita para criar os irunmolés, divindades primordiais. E assoviou à esquerda, para criar os orixás, divindades ligadas às forças da natureza e às atividades da futura humanidade, dando a cada uma delas uma atribuição. Por fim, emanou miría-

CAPÍTULO 8 · A CRIAÇÃO REINTERPRETADA

des de pequenas vibrações individualizadas e manteve a emanação vital permanente. Essas pequenas vibrações, os espíritos, expandiram-se pelo espaço, deambulando sem ordem nem propósito. Então, Olodumare fixou-lhes uma morada, numa dimensão próxima à Terra, que recebeu o nome de Ifé Oré (*Ifè Òré*), a cidade dos espíritos.

Nesse último momento da Criação, Olofim fixou as leis dos movimentos; deu cores às vibrações pela ordem, originando a luz; estabeleceu o equilíbrio, a comparação e a hierarquia das coisas; fez com que a Lua competisse com o Sol pelo domínio das influências no planeta. Feito isso, Olofim foi descansar, deleitando-se na contemplação da grande aventura universal.

Depois que Olofim foi descansar, os irunmolés e orixás, em grupos de sete, desceram à Terra para completar a obra da Criação.

Olocum moldou os abismos, para dar lugar aos oceanos; Orixá Ocô levantou as terras do fundo dos mares; Xangô criou a atmosfera e as nuvens com suas cargas elétricas; Ogum elaborou os minerais e trabalhou as montanhas; Iemanjá moldou as porções litorâneas, cuidando do equilíbrio entre a terra e o mar; Oxum fez nascer os rios, mananciais e todas as águas doces; Orungã dominou o fogo no interior da esfera terrestre e assumiu o controle dos vulcões.

Outros grupos de irunmolés e orixás foram criando as estações do ano, segundo a posição planetária, bem como as rotações da Terra e da Lua, dando origem às marés, aos dias e às noites. Outros, ainda, tomando diversos elementos das pedras, das águas e do ar, fizeram surgir os seres vivos, plantas e animais, a partir da natureza existente.

À medida que iam criando plantas e animais, irunmolés e orixás estabeleciam a correlação entre eles: as plantas nutriam-se da terra; e os animais deslocavam-se pelo ar, pela água e pelo solo, para se alimentarem dos vegetais. Desta forma, a água permitia a vida material; o ar constituía o equilíbrio entre as plantas e os animais, e era o veículo do alento de Olofim; o fogo assumia a tarefa de destruidor e revitalizador, sob o poder de Olorum e da energia vital que dele emana.

Desceram, assim, à Terra, Odudua, Orunmilá e Obatalá para criarem a humanidade. Nessa tarefa, primeiro Orunmilá modelou corpos fluidos, semimateriais. Instruídos por Odudua, cada um dos espíritos habitantes de Ifé Oré ocupou um deles. No entanto, como os corpos eram semimateriais, essas novas criaturas começaram a vagar como fantasmas.

Obatalá, então, começou a realizar o objetivo que tinha definido. Misturando e combinando vários elementos, criou o arquétipo humano, como hoje somos. Odudua completou seu trabalho dando a cada um dos seres recém-criados um espírito com seu respectivo corpo astral, para fortalecer seus sentidos e desenvolver seu instinto.

Finalmente, Olofim concedeu ao ser humano recém-criado o seu sopro vital, seu espírito (ẹmí). Por isso, Olofim é chamado também de Elemi, o dono do sopro vital. O ser humano também recebeu dele a sua personalidade (orí).

Ciumentos de todo esse poder concedidos aos humanos, os irunmolés e eborás manifestaram, de forma violenta, desaprovação a Odudua, Orunmilá e Obatalá, desencadeando a ira das forças da Natureza e colocando em perigo o equilíbrio do planeta. Foi assim que Obatalá veio novamente à Terra para corrigir os erros da Criação.

Então, coube a Orunmilá, através de Ifá, manifestação maior de sua Inteligência, organizar o inventário de toda a Criação e determinar a cada ser criado sua posição na grande escala de valores do Universo.

Nessa escala, Orunmilá colocou Olofim no patamar 21; Olodumare e Olorum no degrau 17; e atribuiu a si, juntamente com Odudua e Obatalá, o degrau 16, posicionando, entretanto, Odudua no cimo do degrau, governando a trilogia.

O degrau 12 coube aos irunmolés da direita; o 8, aos orixás; o 7, aos ancestrais divinizados; o 5, aos seres humanos; o 4, aos animais e plantas; e o 3, aos seres inanimados.

No espaço entre um degrau e outro, Ifá-Orunmilá estabeleceu sete níveis de diferenciação. Para o ser humano, fez com que, no meio desse espaço, ficasse o homem comum; em cima, o homem sábio, que aplica sua inteligência em alguma atividade em que sobressai; mais acima, o homem santo, que purifica seu espírito e multiplica suas virtudes; e, sobre todos eles, o santo-sábio, que encerra os melhores atributos que um ser humano pode possuir.

Abaixo do homem comum, Ifá-Orunmilá posicionou o néscio, ou ignorante, que zomba e debocha do que não conhece; depois, o malvado, que carrega as piores qualidades e sentimentos da espécie humana; e, abaixo de todos, o malvado-sábio, que, a serviço das entidades malévolas, aplica sua sabedoria na destruição.

Ifá-Orunmilá estabeleceu que o comportamento do homem lhe permite ascender ou cair do lugar em que se encontra na escala – do meio dela para cima, cresce a influência dos benfeitores e, dali para baixo, sucede o contrário.

Na Terra, Orunmilá-Ifá confeccionou o primeiro opelê, o instrumento por excelência da arte divinatória; e seu melhor mensageiro e amigo foi Elegbara. De Xangô, ele recebeu o tabuleiro ou bandeja de adivinhação (oponifá), esculpido com a madeira da árvore sagrada; com Ossaim aprendeu o segredo das plantas; de Ogum, obteve as armas do sacrifício; das iabás, orixás detentoras do poder feminino, recebeu o carinho e o saber sobre as qualidades das pedras dos rios, das florestas e das savanas.

Por intermédio de Ifá, Orunmilá conheceu os segredos da Criação. Por isso, Ele diz que tudo deve ser perguntado a Ifá, pois este tem a resposta para todas as indagações. Tais respostas estão nos vários odus do oráculo Ifá, escritos por Orunmilá no grande "Livro Sagrado". Os odus são os signos de Ifá – a expressão das palavras desse Grande Benfeitor.

(Lopes, 2005, p. 88–90; Espinosa; Piñero, 1997)

O LIVRO DE IFÁ

A literatura representada pelos saberes emanados do oráculo Ifá é eminentemente oral. Entretanto, os usos e costumes cunharam a expressão "Livro Sagrado de Ifá" ou simplesmente "Livro de Ifá", para referir este conjunto de obra ainda não exatamente escrito. Estes saberes estão, na verdade, como vimos no Capítulo 5, nos milhares de itãs pelos quais falam os odus. Como também a expressão "diz Ifá" com que os babalaôs iniciam a enunciação dos itãs, como no exemplo seguinte:

> **ORUNMILÁ RESTAURA A ORDEM**
>
> Diz Ifá que, após a Criação do Mundo, houve um momento em que a vida no Universo inicial se tornou caótica. Uma série de circunstâncias que foram se agravando ocasionaram a fome, a doença e a miséria. Não sabendo o porquê da desgraça nem como se livrar dela, as pessoas apelaram a Olofim. O Ser Supremo, então, enviou Olotá de Adô, Erimi de Ouô, Pepé de Assin, Ogum de Irê e Dauoderi de Imojubi para restabelecerem a ordem e devolverem a paz à humanidade, o que, apesar de seus esforços, não conseguiram. Então, foi chamado Orunmilá.
>
> O Grande Sábio pediu que lhe dessem uma folha de oluxualu, planta muito rara, mas ninguém conseguiu. Depois, solicitou que todos confessassem seus erros, pecados e crimes, o que foi feito. Orunmilá, então, tirou a folha de oluxualu de seu chapéu e com ela restaurou a harmonia.
>
> Assim, tudo voltou ao normal: as aves aos ninhos, os peixes aos rios, os animais selvagens à floresta, os ratos às tocas... E a paz novamente passou a reinar no Universo; como está escrito no Livro Sagrado de Ifá.
>
> (Lopes, 2005, p. 92)

CAPÍTULO 9
O Ifá Lucumí

Os lucumís de Cuba, em contato com africanos e crioulos de outras origens, recriaram suas tradições ancestrais, muitas vezes reinterpretando-as. Assim, no Caribe talvez mais que na África, a denominação do oráculo Ifá confundiu-se com a da divindade que o rege, *Orúmila*. Mas ambos os nomes servem para designar essa Força Divina. E nas Américas, hoje, o nome (Orunmilá, no Brasil) costuma ser carinhosamente abreviado como *Orula*.

Ressaltemos também que, no espanhol cubano, o substantivo feminino *regla* corresponde ao brasileiro "lei", usado no ambiente das religiões de matriz africana. Assim, a expressão *Regla de Ifá*, numa correlação com a antiga expressão "Lei de Umbanda", poderia ser traduzida para o português como "Lei de Ifá". Entretanto, por razões meramente didáticas, usamos nesta obra a expressão cubana original, Regla de Ifá, a partir daqui grafada em caracteres normais, sem itálico. Assim mencionamos as várias vertentes que se qualificam como *reglas*: a *Regla de Ocha* ("Lei dos Orixás") ou *santería*, que é o culto aos orixás (*oricha* ou *ocha*) no sentido amplo; a *Regla de Palo Monte* ("Lei dos Paus da Mata") etc. E observamos que, assim como a denominação *Regla de Ocha* é comumente abreviada como *Ocha*, o nome "Regla de Ifá" é da mesma forma resumido como *Ifá*; e, no caso aqui específico, como *Ifá lucumí*.

Vejamos ainda que o culto de Ifá ramificou-se em Cuba através de várias linhagens de **babaláos** e seus respectivos *ahijados* (afilhados), como vimos linhas atrás. A *rama* do venerável Adechina, da qual se derivou a de Tata Gaytán, também já mencionada, chegou ao Brasil na década de 1990 através de Rafael Zamora e Wilfredo Nelson (Erdigbre).

Assim, em Cuba, a Regla de Ifá configura todo um complexo religioso, com uma independência bem marcada em relação à Regla de Ocha, que é, de certa forma, o correspondente cubano do candomblé brasileiro.

Ifá é, sem dúvida, o mais complexo dos sistemas de comunicação com as divindades empregados pelos iorubás; e sua preservação, segundo Fernández Martínez e Porras Potts (1998, p. 56-57), é uma prova irrefutável da resistência dos africanos escravizados e seus descendentes. E a Regra de Ifá, difundida a partir de Cuba por todas as Américas e até mesmo na Europa, é muito importante porque dela é que partem todos os fundamentos do culto aos orixás, inclusive do candomblé brasileiro. Através de Ifá é, por exemplo, que se identificam quais as divindades guias e protetoras de uma pessoa, seus símbolos, características, temperamentos, cores, preferências etc., bem como as melhores providências para que essa pessoa, conjurando os perigos, atinja com sucesso os objetivos de sua existência.

Acima de *Orúmila* (Orunmilá), vibram apenas *Olofín* (Olofim), *Olorun* (Olorum) e *Olodumare* (Olodumare), três aspectos da mesma Força Suprema, chamada "Deus" no cristianismo, "Alá" no islamismo, "Jeová" no judaísmo etc. Como fonte do culto a todos os Orixás, *Orúmila* é cultuado em separado, em destaque, em rituais nos quais não ocorrem incorporação, possessão ou transe, pois *Orula* se comunica através de Ifá, que é sua manifestação como oráculo.

PECULIARIDADES DO IFÁ LUCUMÍ

Preliminarmente, vale informar que, na atualidade brasileira predomina, em boa parte do universo das religiões de origem africana o hábito de registrar termos da língua iorubá na grafia original, apesar de todos os inconvenientes e dificuldades que esse hábito acarreta; e mesmo havendo já uma grafia oficial

CAPÍTULO 9 · O IFÁ LUCUMÍ

para muitas dessas palavras – o que representa uma avanço político, no sentido do reconhecimento de sua existência e importância. Em Cuba, os termos do vocabulário lucumí costumam ser grafados em espanhol "lucumizado". Isso significa que a transcrição das palavras é feita foneticamente, de acordo com os sons que as letras e sílabas efetivamente têm no idioma espanhol. A exceção fica apenas, salvo melhor observação, no "s" chiado, diferente do "s" assoviado, como definidos por Verger (1995, p. 41), segundo o qual em certas partes da Nigéria tais pronúncias quase não se diferenciam. Nesse caso, muitas fontes ainda consignam *Shangó* em vez de *Changó*; *Oshun* em vez de *Ochún*; *Oshosi* em vez de *Ochosi*, etc.; e isto em razão não só da proximidade física de Cuba com os Estados Unidos como da onipresença do idioma inglês. No caso dos odus, algumas denominações foram bastante modificadas, como *Òwònrin* grafado como *Ojuáni* (pronunciado "orruâni"); *Òkònron* como *Okana*; *Otúrúpon* como *Otrupon*, etc.

Dito isto, relembremos que a Regra de Ifá, o culto propriamente dito, é uma forma religiosa surgida a partir do Oráculo. E que o Sistema Ifá é o fundamento de outras formas dele derivadas, como o jogo de búzios etc., em geral consultadas quando se quer apenas saber se as condições de um momento são favoráveis a determinado assunto ou decisão.

Um dos mais importantes eventos da consulta é a constatação da circunstância verificada naquele momento em relação ao consulente ou à indagação que faz. A circunstância poderá caracterizar-se como *iré* (irê), favorável, de boa sorte; ou *osobo*, desfavorável, contrária, indesejada.

Tanto *iré* quanto *osobo* podem ter relação de causa com *arun* (doença), *arikú* (saúde), *ofo* (falta, perda), *owó* (dinheiro), *arayé* (ação de outra pessoa), *araorún* (presença de um morto), *oyú burukú* ou *ilara* (inveja) etc. E o *osobo* maior, na maioria dos casos, é aquele que prevê a aproximação de *ikú*, a morte física.

Prosseguindo, realcemos que os instrumentos usados pelo *babaláo*, tanto quando se serve dos *iquines* quanto do *ekuele* (opelê) e dos *ibos*, pequenos elementos naturais definidos linhas adiante, são basicamente os mesmos usados na África e da mesma forma. Entretanto, os obis (frutos da coleira), chamados em Cuba *obí-kola*, foram substituídos por pedaços de coco cortados em rodelas. O *ekuele* (opelê), por sua maior praticidade, é o instrumento do cotidiano do *babaláo*, que, em geral, o utiliza desde que acorda, pela manhã, para saber os prognósticos sobre o seu dia (Bolívar Aróstegui; Porras Potts, 1996, p. 232).

Os *ibos* são pequenos elementos complementares, de origem vegetal, animal ou mineral; e a finalidade de sua manipulação é revelar com profundidade a natureza dos eventos apontados na consulta e a forma de potencializá-los, se favoráveis, ou neutralizá-los, se indesejáveis. O oráculo recomenda a direção e a providência a tomar, mas resta saber a forma pela qual o procedimento deve ser realizado. O *babaláo*, então, põe o *ibo* em uma das mãos do consulente, que a fecha; lança o opelê para saber que mão deve ser aberta. Faz duas jogadas; se na segunda o odu que aparecer for superior (mais "velho") ao primeiro, o consulente abrirá a mão direita ou vice-versa. Se na mão direita estiver o *ibo*, a resposta será positiva. Vale observar que o vocábulo ìbò, em iorubá, tem o significado de "voto, eleição".

O objetivo principal do culto de Ifá é garantir às pessoas *opolopo* (muita) *iré* (positividade), com o máximo de saúde, paz (*alafiá*), estabilidade e desenvolvimento em sua vida terrena.

A INICIAÇÃO

Para cultuar Orunmilá (***Orula***), o indivíduo precisa ser iniciado, isto é, realizar os rituais através dos quais terá ingresso na comunidade de culto, sempre chefiada por um ***babaláo***. Os homens iniciam-se no grau de ***awofakán***; as mulheres, no grau único de ***apetebí***.

O ***babaláo***, como intérprete das mensagens enviadas por Ifá, utiliza os ***iquines***, ou o ***ekuele*** (opelê) e os ***ibos***; ou ainda os quatro pedaços de um coco, no processo chamado ***biagué***.

Na cerimônia de iniciação, depois de cumpridos os rituais de limpeza e oferendas, o homem ou a mulher vão receber o que se chama "mão de orula" ou ***akofá***, simbolizados pelo conjunto de ***iquines*** ou ***ikinifá*** que representam Orunmilá, acondicionados em uma ***ibá***, ou seja, uma sopeira com tampa, moderna representação das cuias (***igbá***, cabaça) africanas. Recebem também os "guerreiros", representações dos orixás ***Eleguá***, ***Ogún***, ***Ochosi*** e ***Osun***.

Sobre ***Eleguá***, nome derivado do iorubá Ẹlẹ́gbára, uma das denominações de Èṣù (***Echú***; Exu), saiba-se que, no ambiente lucumí, é um dos "caminhos" pelos quais o Mensageiro dos Orixás se manifesta e impõe. Dizem os mais-velhos – repetimos – que, enquanto ***Echú*** abre caminho à força, ***Eleguá*** o faz com suavidade e astúcia.

As relações entre ***Eleguá*** e Orunmilá são estreitíssimas, e delas depende o equilíbrio do Universo. ***Eleguá***, que tem tudo o que é malfazejo sob sua guarda, é o braço direito de Orunmilá. E este é a força que ajuda o mundo a superar todo Mal.

Eleguá constitui, juntamente com ***Ogún***, ***Ochosi*** e ***Osun***, a tropa dos orixás guerreiros, ou seja, a vanguarda protetora e defensora dos filhos de Ifá. Assim, ao receber a mão de ***Orula*** –

representada pelos *iquines* que simbolizam Orunmilá-Ifá –, a pessoa recebe, também, para cultuar na forma do costume, representações de *Eleguá* (um rosto humano moldado em barro ou massa); *Ogún* e *Ochosi* (ferramentas e otás, pedras consagradas, dentro de um recipiente de ferro); e *Osun* (uma espécie de pequeno cetro de metal, apoiado numa base e encimado por um galo).

A tradição recomenda que o *Eleguá* e o recipiente de *Ogún* e *Ochosi* devem ser colocados no chão, próximo à entrada da casa do *awofakán* ou da *apetebí*. Já *Orula* e *Osun*, sempre juntos, deverão repousar no lugar mais nobre da casa, de preferência no alto. O tombamento ou a queda de um *Osun* devem ser encarados como presságio dos mais nefastos, devendo seu possuidor imediatamente consultar Ifá a respeito.

A partir do ingresso na comunidade de Ifá, tanto o homem quanto a mulher serão ambos identificados, como filhos de *Orula*, pelo uso do *ileké* (colar) e do *idefá* (pulseira), feitos com miçangas verdes e amarelas, as cores do Benfeitor. E poderão ascender na escala hierárquica do culto, o homem chegando a *babaláo* e a mulher a *apetebí iyafá*.

A iniciação compreende, também e principalmente, a determinação do *Odu*, o principal signo que rege o destino da pessoa, e o *Elerí*, que é o orixá dono de seu *orí*, sua cabeça.

Acrescentemos que o sistema de consulta, no Ifá lucumí, obedece aos mesmos princípios, regras, requisitos e rituais observados na matriz iorubá.

O SACERDÓCIO

No Ifá lucumí, o sacerdócio é basicamente exercido pelo babalaô (*babaláo*) e pelas *apetebís*, sendo o *awofakán* um eventual postulante. Algumas cerimônias específicas contam com a presença do *obá oriaté*, sacerdote da Regra de Ocha, convidado a consultar os búzios (*merindilogún* ou *ouó-eyó*) sobre a esteira cerimonial – numa demonstração formal não só de cortesia e amizade entre *babaláos* e *babalochas*, como de complementaridade entre as duas modalidades de consulta ao oráculo.

O BABALÁO

Para ser efetivamente um *babaláo*, o homem deve submeter-se a um longo aprendizado sob a direção de um superior, até ser considerado apto para o sacerdócio. Durante esse período, ele deverá conhecer e memorizar os nomes e as figurações dos 256 odus; aprender a manipular os instrumentos e objetos utilizados nas consultas ao oráculo em suas modalidades principais, *iquines* e *opelé*; memorizar as rezas, invocações e os louvores (*orikís*) apropriados a cada rito, bem como o maior número possível de *itáns* ou *patakís* (relatos míticos) relativos a cada um dos *odus*, além de outros protocolos ou procedimentos constantes dos rituais. Mas como ensina Wande Abímbọ́lá, sacerdote de Ifá e ex-reitor da Universidade de Ifé, a iniciação não faz de uma pessoa um *bàbálawo*. O que confere tal distinção é o conhecimento sobre o significado dos odus, a funcionalidade das ervas e folhas, a maneira de realizar o sacrifício. Tudo isso só pode ser aprendido com o tempo, através da prática e da memorização. Então, a iniciação é apenas um rito de passagem para o ingresso no sacerdócio e "não a entrega de um diploma", como ensina Abímbọ́lá (cit. por Capone, 2011, p. 243).

Como primeiro passo, o futuro **babaláo** deverá aprender o *ibo didi* ("lançar a sorte"), para simplesmente obter do oráculo resposta positiva ou negativa a uma pergunta, usando os diversos elementos chamados *ibos* (sementes, pedras, etc.). Mas, antes de sagrar-se **babaláo**, o aspirante deverá passar pela condição de *awofakán*, que é o grau inicial na hierarquia do sacerdócio.

Awofakán é aquele que recebeu o *akofá* ou "mão de Orula" e as representações dos "guerreiros", **Eleguá, Ogún, Ochosi e Osun**. Como hipótese de pesquisa, observemos que, no idioma fon (Segurola; Rassinoux, 2000, p. 162), *fáká* é a cabaça que contém o "Fá", ou seja, os objetos sacralizados usados no sistema divinatório, principalmente os caroços de dendê. E em iorubá, a palavra "mão" é traduzida como ọwọ, com o final agudo. Então, é provável que a expressão *awofakán* seja um híbrido de fon e iorubá.

Mas nem todo *awofakán* se torna um **babaláo**, condição que envolve não só uma iniciação complexa como anos de aprendizado sobre as figurações dos *odus* e seus significados; a memorização dos provérbios e parábolas; dos sacrifícios e demais rituais; além de conhecimentos botânicos, sobre as plantas associadas a cada divindade. Deve também conhecer e saber usar os instrumentos rituais, como o *oponifá*, o tabuleiro ou bandeja sobre o qual se esparge o pó ritual *iyerosún*, que recebe o desenho dos signos ou "letras" (odus); e mais, a baqueta ou fragmento de chifre de veado (*irofá* – do iorubá *iró*, som, ruído do entrechoque de dois corpos) com que se percute o *oponifá* para chamar **Orula** ou manifestar concordância com suas determinações; e, ainda, a esteira *"até"*, onde se senta com o *oponifá* entre as pernas e sobre a qual arremessa o *opelé* ou *ekuele*.

A instrução do **babaláo** compreende também a reverência aos dois primeiros sacerdotes de Ifá, iniciados pelo próprio Orunmilá ainda nos primórdios. São eles **Akodá** e **Achedá**, con-

siderados pés e mãos de *Orula*, e que foram por Ele enviados a várias partes do Mundo para divulgar a palavra de Ifá. A eles, o *babaláo* saúda conjuntamente recitando os seguintes orikis:
- *Akoda gbogbo tinko Aiyé ni Ifa* – "Akodá que ensina Ifá para o mundo"
- *Aseda gbogbo tinko agba ni imoran* – "Achedá que ensina compreensão [até] aos mais velhos".

No grau mais alto da iniciação, o *babaláo* recebe o *igbadú* ou *igba-iwá*, a "cabaça da existência". Trata-se de um objeto sagrado, digno de altíssima reverência, representando *Odudúa*; e que é entregue lacrado, pois contém em seu interior elementos secretos. Assim, jamais poderá ser aberto e deverá ser destruído após a morte física do possuidor.

Uma comunidade de *babaláos* deve ter como líder um *olúo* (oluô), título derivado do iorubá *olòwò*, personagem venerável, que merece respeito; ou de *olúwo*, dignitário do culto secreto a Ogboni (Bascom, 1969b, p. 92; Dictionary, 1976, p. 174). O *olúo* será sempre um *babaláo* detentor e depositário de um *igbadú*.

A identidade visual do *babaláo* se traduz no uso de insígnias específicas, como colares e braceletes. Na África, em geral, essas insígnias são de contas opacas nas cores castanha e verde-clara; e na vertente lucumí, difundida a partir de Cuba, esses adereços identificadores são feitos com a combinação das cores verde e amarela, que são as cores de Ifá-Orunmilá, explicadas no *patakí* a seguir transcrito.

AS CORES DE IFÁ
Diz Ifá que, em tempos remotos, os Seres Divinos reinavam em terras separadas, altivos e orgulhosos, achando-se os mais sábios, de tal forma que nenhum súdito podia ser mais sábio do que eles.

Ikú, a Morte, percorria as terras à noite, semioculto em suas roupas negras e levando consigo quem se atrevesse a encará-lo e ver-lhe o rosto indecifrável. As únicas terras que *Ikú* respeitava eram as governadas por *Ogún* e *Ochún*; e tanto dano causou, que as demais divindades governantes decidiram ir à casa de um Grande Sábio na terra de Ará Ifé, onde a Morte não entrava.

Ao chegarem, as divindades ficaram surpresas ao ver que o Sábio utilizava cascas escuras de sementes, divididas ao meio e presas em uma corrente, além de usar dois colares, um de sementes amarelas e outro de sementes verdes. Essas contas de sementes eram iguais às usadas nas terras de *Ogún* e *Ochún*, onde a morte não fazia estragos. Mas as divindades não sabiam com que fim elas eram utilizadas.

Então, pensaram em perguntar ao Sábio, mas, receosas de que ele fosse amigo de *Ikú*, a Morte, e tivesse algum pacto com ela, nada indagaram a respeito. Até que *Obatalá*, ao vê-los confusos, manifestou-se e assim esclareceu: "Como vocês, governantes terrenos, pela ambição que têm pelo poder, não conseguiram viver unidos e em harmonia, eu tenho aqui comigo os dezesseis raios de sol que *Olofín* me entregou para que eu realize essa união. Esta casa onde vocês estão é a morada sagrada de Ifá, onde *Olofín* viveu; e este sábio que vocês vieram consultar é *Orula*, o Santíssimo Sábio. E ele é o único a quem *Ikú* obedece na Terra."

Então, *Orula* saudou *Obatalá* com todo o respeito, lançou o opelê, e o odu que surgiu foi Ogbe Fun.

Neste signo, as sementes verdes se unem às amarelas. O verde é a cor de sua identidade; e o amarelo, de *Ochún*, simboliza o lugar onde o ouro, o sangue e a vida constituem a metade do mundo. As sementes escuras com a corrente representam *Ogún*, o qual, por definição de *Olofín*, relaciona-se à morte,

CAPÍTULO 9 · O IFÁ LUCUMÍ

> também. Por isso, ninguém morria nas terras de *Ogún* nem nas de *Ochún*.
>
> Então, depois de mandar colocar atrás da porta da casa uma bandeira branca, *Orula* explicou que, ao conseguir a união e a harmonia de todos, lhes entregava, como de fato entregou, a cada um deles um idefá, a pulseira de sementes verdes e amarelas, para que se protegessem contra a Morte.
>
> (Bolívar Aróstegui; Porras Potts, 1996, p. 213-214)

Entretanto, muito além da identificação visual, o que efetivamente legitima um *babaláo* são seus conhecimentos filosóficos e rituais. Como intérprete do Oráculo, ele deve ter a exata noção da importância dos valores que possui; e, assim, estudar e aprofundar a filosofia de Ifá.

No seu interminável aprendizado, o *bàbálawo* (babalaô) tem que dedicar sua vida ao estudo do sistema divinatório, aprendendo e memorizando os cânticos e textos oraculares, devendo também levar vida ascética, compatível com sua vida sacerdotal. Diz a tradição que a pureza ajuda o babalaô a conectar-se com o divino através da prece. E se ele sucumbe ao mal, estará ofendendo Ifá e provocando o desconcerto das Forças que presidem a Existência.

Segundo algumas fontes, na África, o aprendizado regular de um *bàbálawo* dura cerca de sete anos. No Ifá lucumí, depois dos sete dias de iniciação, o novo sacerdote, sob orientação de seu *ojubona*, o segundo padrinho, ampliará seus conhecimentos na prática diária e no estudo sistemático dos odus e itãs, cujos saberes irá assimilar, de acordo com sua inteligência e capacidade de apreensão e interpretação do sentido de cada odu. O êxito desse aprendizado é que ditará o seu futuro dentro da comunidade.

A *APETEBÍ*

Em Ifá, a iniciação da mulher no culto dá-se como *apetebí*, condição na qual ela recebe simplesmente o *akofá* (o *igba* representativo) e o *Osun* protetor.

A limitação do acesso de mulheres às mais altas hierarquias do culto de Orunmilá é uma questão bastante discutida e polemizada. Mas, se bem estudada, permite ver que não caracteriza nenhum tipo de machismo ou de segregação do sexo feminino e, sim, obediência a uma tradição religiosa perfeitamente fundamentada nos saberes de Ifá. A limitação está especialmente expressa em *patakís* contidos nos odus Irete Ogbe, Irete Mêji e Irete Owonrin; e também em Odi Mêji, Ogbeyonu, Osa Mêji e Oxe Oyeku (Martins, 2012, p. 50-51).

Em Ifá, a ligação das mulheres a atividades específicas, segundo algumas fontes, é historicamente relacionada ao culto iorubano de *Iyàmi Òṣòròngà* ("Mamãe feiticeira"). Para Pierre Verger (1992, p. 9-18), por exemplo, na tradição desse culto, a mulher é vista como portadora de uma força agressiva e perigosa que suscita dos homens uma atitude de prudente reserva. Na obra mencionada, o autor cita alguns itãs de Ifá que resumem a imagem dupla que a tradição formou sobre as mulheres. Esses itãs aparecem nos odus Irete Mêji, Irete Owonrin, Ogbe Ogunda etc.

Ainda com Verger, vemos que o poder de *Iyàmi Òṣòròngà* é empregado tanto para o bem quanto para o mal. Mas isso não é nenhum contrassenso, sendo expressão da própria dialética que comanda o Universo. Vem daí a conceituação do antropólogo Ulli Beier, citado pelo mencionado Verger (1992, p. 19): "Toda mulher é *àjẹ́* (feiticeira), porque Iyàmi controla as 'regras' das mulheres"; e representa os poderes místicos da mulher em seu aspecto mais forte. Assim, o lugar reservado à mulher no culto de Ifá, aparentemente secundário, nada tem de inferior, traduzindo apenas uma evocação do papel a ela reservado nas sociedades tradicionais iorubanas. Nelas, como mudava de família pela condição natural do casamento, a mulher era em geral considerada, na casa paterna, como "estrangeira" (Verger, 1992, p. 23), tendo, por isso, uma posição diferenciada.

Veja-se que, entre as apetebís, o cargo de *apetebí iyafá* ou *aiyafá* é concedido em ritual privado, por determinação do odu que rege a cerimônia de iniciação, à mulher que simbolicamente se casa com o *babaláo* que está sendo iniciado ou se torna sua "madrinha". Ela "levanta", glorifica ainda mais, o *Orula* desse novo sacerdote, ao qual ficará unida por toda a vida, como dona e senhora ou corresponsável em relação ao segredo por ele recebido (Bolívar Aróstegui; Porras Potts, 1996, p. 264-265). Veja-se que o termo *Iyafá* é provavelmente uma contração da expressão *iyawo Ifá*, "noiva ou esposa de Ifá" (Abraham, 1981, p. 275).

Cabe à *apetebí aiyafá* ter cuidados especiais com o Orunmilá do babalaô que a escolheu e consagrou. Ela deve estar sempre atenta a todos os detalhes, zelando pelo bom transcurso das cerimônias. Para tanto, ela é detentora do poder de fazer o ossé (limpeza ritual) do recipiente onde repousam as representações simbólicas de *Orula*, e também de colocar aos pés do Benfeitor o adimu (oferenda) do agrado da altíssima Deidade.

A mulher escolhida para o importante cargo de *apetebí aiyafá* só poderá ser substituída em caso de morte. Mesmo em caso de ruptura matrimonial, quando ela é a cônjuge do sacerdote, ela terá que continuar a cumprir suas funções religiosas, já que o pacto que fez, ao receber a honraria, foi firmado principalmente com Orunmilá, muito além da relação conjugal (Ifá Ni L'Órun, 2018).

ODU, A MULHER DE ORUNMILÁ

Diz Ifá que *Iyàmì Odù* ("Mamãe Odu") ganhou de Olodumare um pássaro chamado *Àràgàmagò*, incumbido de realizar para ela todo e qualquer tipo de trabalho, tanto para o bem quanto para o mal. Orunmilá queria ter Odu como sua mulher e foi consultar os babalaôs, que o alertaram sobre o grande poder que a pretendida detinha. E, como foi determinado, o pretendente fez a Exu, na rua, a oferenda adequada para que seu desejo fosse atendido. Quando Odu chegou ao local e viu o ebó, Exu lhe comunicou o desejo de Orunmilá. Então, Odu aceitou casar-se com Orunmilá; e fez com que todos os entes malévolos que a acompanhavam comessem a oferenda, que serviu também ao pássaro *Àràgàmagò*.

Assim, Orunmilá conquistou as boas graças do lado malévolo de *Iyàmi Odù*. Tanto que ela entrou em sua casa com toda boa vontade e fortalecida pelos poderes do seu pássaro. Mas a desposada impôs uma condição: nenhuma das outras mulheres de Orunmilá poderia ver seu rosto; e nenhuma poderia menosprezá-la, pois ela, Odu seria, além de esposa, o maior poder de Orunmilá, tanto como babalaô, quanto como divindade.
(Verger, 1992, p. 29-30)

A LITURGIA

As cerimônias compreendidas na liturgia do Ifá lucumí podem, em seu conjunto, ser tentativamente agrupadas em rituais de iniciação, de manutenção e de revigoramento. O conhecimento dos rituais de iniciação é restrito aos iniciados. Mas os de manutenção e revigoramento do equilíbrio existencial, proporcionadores do clássico quadrinômio "Saúde, Paz, Estabilidade e Desenvolvimento" – como banhos lustrais, sacudimentos (*sarayeye*) etc. –, são geralmente, em maior ou menor abrangência, de conhecimento geral. Algo, entretanto, neles é preciso destacar: a importância do ebó.

Como explicado no Capítulo 4, ebó é o ritual que possibilita a comunicação entre o mundo visível e o invisível, e a transmissão do axé entre essas duas dimensões. O conceito, popularmente restrito à oferenda, seu componente mais específico, adquire significado bem mais amplo quando conota a noção de sacrifício, como aprofundaremos adiante.

O *OMIERÓ*

De grande importância também, na liturgia, é o papel do *omieró*, a "água que acalma", do iorubá (*omi*, água + *ero*, maciez, suavidade; antídoto).

O termo define o preparado obtido pela maceração de folhas em água, usado como elemento purificador e calmante em diversos rituais da tradição lucumí. Seu preparo obedece, em linhas gerais, a uma sequência iniciada com o desfolhamento das ervas apropriadas (de acordo com o orixá e com o objetivo) num recipiente grande, uma caçarola de barro, por exemplo. Feito isso, vão se dilacerando as folhas, como na esfregação de uma roupa durante a lavagem, ao mesmo tempo em que se vai despejando água limpa, sempre cantando para *Osáin* (Ossaim).

Depois, adicionam-se ao preparado elementos como mel, dendê, manteiga de carité, pimenta-da-costa, pedacinhos de coco, aguardente etc. Finalmente, pega-se um toco de pau em brasa, mergulha-se no preparado, retirando logo em seguida, dizendo o encantamento apropriado; e por último se joga por cima, no culto de Ifá, um punhado de *yefá* ou *ierofá*, o pó amarelo com que se recobre a superfície do *oponifá* e no qual se riscam as figurações dos odus. O *omieró* só deve ser feito com a observância criteriosa das diferentes ervas que o compõem e dos elementos que as completam; com os cânticos dirigidos principalmente a *Osáin* e a *Orúnmila*, no caso do culto de Ifá. E só deve ser preparado por sacerdote devidamente iniciado dentro da tradição lucumí, sendo esse sacerdote, no caso de Ifá, um **babaláo**.

A *MOYUBA*

O termo *moyuba*, do lucumí cubano, abrasileirado como "mojuba", vem do iorubá *mo júbà*, "eu (vos) reverencio; reconheço como superior". Designa a invocação obrigatoriamente feita antes de todo rito, por ordem de importância, às Deidades Criadoras, aos ancestrais fundadores da comunidade religiosa, aos mortos da família biológica do celebrante, além de saudação aos membros vivos da comunidade, por ordem hierárquica. No final dela, o oficiante pede às divindades que afastem as negatividades (*osobo*), proporcionando situações favoráveis (*ire*). O substantivo feminino **mojuba** acabou por gerar o verbo **mojubar**, ou seja, **fazer a mojuba**.

A FORÇA DA PALAVRA

Em todas as cerimônias, a voz humana, emitida nas rezas (*suyere*), nos cânticos (*orin*) e nos louvores (*oríkì*), tem também importância fundamental.

Segundo um dos mais importantes porta-vozes da tradição oral africana, o sábio malinês Amadou Hampâté Bâ (1979, p. 17), na África tradicional a palavra falada, além de seu valor fundamental, possui um caráter sagrado que se associa à sua origem divina e às forças ocultas nela depositadas. A tradição oral, que não se limita aos contos e lendas nem aos relatos míticos e históricos, é a grande escola da vida, recobrindo e englobando todos os seus aspectos. Nela, o espiritual e o material não se dissociam. Falando segundo a compreensão de cada pessoa, ela se coloca ao alcance de todos.

Da mesma forma que, no ato da Criação, a palavra divina do Ser Supremo veio animar as forças cósmicas estáticas, então em repouso, a palavra humana desperta, anima e movimenta as forças que se encontram estáticas nas coisas – afirmou o mestre Bâ. Guardadas as devidas proporções, assim como a palavra do Ser Supremo, da qual é eco, a palavra humana põe em movimento forças latentes, que despertam e acionam algo, como ocorre quando um homem se ergue ou se volta ao ouvir chamar seu nome. Daí a importância dos cânticos, louvores e rezas (*àdúrà*).

OS SERES DIVINOS

Em seu ambiente de origem, como vimos páginas atrás, os iorubás classificam as forças ou seres divinos como orixás, irunmolés, eborás etc. Nas Américas, entretanto, salvo melhores informações, os termos "eborá" e "irunmolé" permanecem apenas referidos em rezas, cânticos e louvores específicos, sendo as divindades referidas como orixás (*orichas; orisha*) ou "deidades", termo que nomeia as divindades ou forças que ocupam os estágios superiores da Escala de Valores, adiante informada: **Olofín; Olodumare** e **Olorun**; **Odudúa, Obatalá** e **Orúmila.**

No lucumí cubano, o substantivo correspondente ao brasileiro "orixá" é *oricha*, pronunciado como paroxítono. Mas o significado é o mesmo; do mesmo modo que, tanto no Brasil quanto em Cuba, bem como em outros países americanos, muitas divindades são basicamente as mesmas cultuadas na África. E mesmo o culto de algumas divindades africanas estritamente locais sobreviveu nas Américas, onde diversas comunidades cultuam orixás iorubanos de regiões diversas e até mesmo divindades de povos vizinhos.

Quanto ao termo "eborá", o motivo de seu abandono seria o fato de que ele aparece em circunstâncias de conflitos, com conotações negativas, entre alguns povos iorubás; e teria deixado de ser usado por conta de que, no ambiente da Diáspora, a união fraterna de todos os grupos era uma necessidade primordial (Santos, 1976, p. 80).

O CULTO

No Capítulo 6 deste livro discorremos sobre as divindades iorubanas em seu ambiente de origem. Agora, com foco específico nas Américas, a partir de Cuba, informamos que, independentemente de o culto de *Orula* ter como sede o *ilé* (no Brasil, "terreiro"), o adepto pode cultuar o Benfeitor em sua própria casa, desde que em ambiente apropriado e com a dignidade que Ele merece. Tanto que o recipiente (*ibá*) contendo os elementos sacralizados que representam esta Deidade, na falta de um lugar específico, deverá ocupar sempre um lugar privilegiado na casa, no alto, onde possa ser admirado e honrado.

Mesmo assim, a casa do padrinho, o chefe de sua comunidade religiosa, será sempre a referência, constituindo-se no local onde o afilhado deverá periodicamente comparecer, para as necessárias consultas e os rituais comunitários; e onde deverá obrigatoriamente ir, todo ano, no dia 4 de outubro, data em que se homenageia Orunmilá.

O "Dia de Orula" é comemorado, a partir de Cuba, por associação de Orunmilá a São Francisco de Assis, santo católico que simboliza, ao mesmo tempo, a bondade, a simplicidade e o saber, já que a busca dessas virtudes deve ser sempre o objetivo dos filho de *Orula*. Mas o culto do Benfeitor não conhece a caridade, nos termos em que ela é entendida pelo cristianismo. Pois, assim como toda ação provoca uma reação, todo trabalho, inclusive a interpretação das mensagens de Ifá, deve ser materialmente recompensado (mesmo porque o dinheiro é também veículo de axé), conforme os ensinamentos de um *pataki* ou itã de Ifá.

Ressaltemos que o culto de Orunmilá reverencia forças de ancestrais, mas não se confunde com nenhuma outra forma religiosa de cunho espírita, pois sua única forma de comunicação entre as dimensões espirituais é através do Oráculo. Entretanto, a comunidade de Ifá mantém convivência harmoniosa e de alto nível com todas as vertentes de culto, sejam elas de matriz africana ou não, e desde que não sejam discriminatórias, intolerantes ou racistas.

Assim orientados, e sempre buscando Ifá antes de qualquer decisão, os adeptos do **ifaísmo** – neologismo cujo uso aqui propomos – buscam crescer individual e coletivamente, no sentido da consolidação de uma comunidade filosófica e religiosa forte, respeitada e influente, tanto quanto a grandeza infinita de Orunmilá.

CAPÍTULO 10
As Divindades Lucumís

ELEGUÁ, ANTES DE TUDO

Diz Ifá que, no começo dos tempos, quando Eleguá ainda comia, no lixo, dos restos que ficavam após os banquetes, Olofim caiu doente.

Todos os sábios foram ver o Pai Eterno e ninguém conseguia saber qual o mal que O acometia. Eleguá, pobre, desprezado mas muito inteligente e astucioso, enfiou na cabeça um gorro como os dos babaláos, colheu algumas folhas na mata e foi ver Olofim.

Chegando ao leito do Altíssimo, em poucos minutos de rezas, cânticos e outros procedimentos secretos, conseguiu curar o enfermo, que prontamente se levantou e falou bem alto para que todos ouvissem: "Só você mesmo, Eleguá! Só você mesmo... Então, em restituição por ter-me curado, quero dar a você o bem que você mais deseja. Ande! Peça!"

Eleguá pensou, pensou, coçou a cabeça por baixo do gorro e, com o jeito mais sonso que pôde fazer, disse alto para todo mundo ouvir: Pois é, *Babá Mi*... Até aqui eu só comi o resto, depois que todo mundo já comeu. Então o que eu mais quero agora é comer antes de todo mundo!!!

Olofim aceitou o pedido, de muito bom grado. E é por isso que, nos sacrifícios e em todas as oferendas, quem recebe as primeiras porções é sempre Eleguá.
(Cabrera, 1993, p. 82)

ELEGUÁ, O MÚLTIPLO

Na cultura lucumí, **Eleguá** é o orixá responsável pela movimentação da Força Vital operante, do Axé. É o princípio e o fim de tudo, nada podendo acontecer sem sua participação. É o duende travesso que vive na floresta, nos bosques, nas savanas, nos caminhos e encruzilhadas. Aliás, as encruzilhadas são seu domínio preferencial, pois é o dono das interseções: do ponto que fica entre a noite e o dia; entre o bem e o mal; entre a luz e a escuridão. Ele é o mensageiro a quem todos devem atender, temer e respeitar (cf. Valdés, 1999). É também o orixá dono dos caminhos, encruzilhadas, esquinas, porteiras, portões e portas; e também do movimento perpétuo, da força que alimenta a vida no Universo. Está à frente da tropa dos orixás guerreiros, *Ogún, Ochosi e Osun*, pois recebeu de *Olofín, Obatalá e Orúnmila* o privilégio de ser sempre o primeiro, o número 1 (*ǫkan*).

Amigo e protetor de *Ochún*, ardiloso, debochado, maquiavélico, intrigante, maldoso e criador de problemas e armadilhas, *Eleguá* muitas vezes se confunde com *Echú*, mas difere por possuir características menos agressivas e perigosas. "Enquanto *Echú* abre caminho à força, *Eleguá* desliza em silêncio", diz a tradição afro-cubana. Assim, Ele, que é intimamente relacionado a Orunmilá, sendo por isso, também, uma divindade ligada ao destino das pessoas, pode permanecer dentro de casa, atrás da porta de entrada. A propósito, veja-se, no Capítulo 4, a seção "Exu, o Dinamizador do Axé".

Materializado simbolicamente num rosto humano moldado em argila, *Eleguá* tem como números representativos de seu mistério, o 3 e o 21, e vibra nas cores vermelha e preta; e também preta e branca. Seu instrumento principal é um graveto em forma de forquilha ou um gancho de ferro, que usa para atrair; e leva consigo também as chaves do Destino, com que abre e fecha portas para que entrem ou saiam a desgraça ou a felicidade. Mas seu temperamento travesso aprecia, além desses, objetos usados em brincadeiras infantis.

Na semana, o dia de *Eleguá* é a segunda-feira; e algumas de suas plantas votivas são a goiabeira, o capim pata-de-galinha, a pimenteira etc. É também catolizado, por aproximação, com santos como o Menino Jesus de Atocha, Santo Antônio de Pádua e outros.

CAPÍTULO 10 · AS DIVINDADES LUCUMÍS

Entre as manifestações ou caminhos deste importante orixá, Bolívar Aróstegui (1990, p. 41-53) consigna mais de duas centenas, algumas delas diretamente relacionadas a Ifá, como as seguintes:
- **Abailé** (*Agbá-ilé*), o que leva o ebó;
- **Abarikokó** (*Agbarikokó*), o que carrega os segredos de Ifá num tubo de bambu;
- **Aberikúkeye**, que é relacionado ao odu Irete Otura;
- **Adawa**, que fala no odu Ojuáni Tanshela;
- **Afra Lolí**, que é relacionado ao odu Irete Fili;
- **Agbanilegbe** e **Agbanilé**, que são intimamente próximos de Ifá;
- **Agbadé**, que desceu ao mundo com Obatalá;
- **Agogó**, que preside as mudanças de hora (do ior. *agogo*, tempo, relógio);
- **Agó Weyé**, que é relacionado ao odu Ogunda Leni;
- **Alagbana** (*Alagbawanna, Bara Alágwana, Obanigwana* ou *Obanigwan*), que é chefe dos Egungúns;
- **Alaguanilegbe**, que é relacionado ao odu Otura Osa;
- **Alai Bodé**, que pertence a Odudúa;
- **Alá Le Ilú**, que é um **babaláo** velho;
- **Alá Mi Bará**, que fala no odu Obé Tua;
- **Alawata**, que fala no odu Ofún Dí;
- **Alayé**, que é relacionado ao odu Oche Bile;
- **Alayibere Yeyé Layiboré**, que é a mãe de Eleguá;
- **Aletán**, que nasce no odu Ogunda Kete e não pode pegar sol;
- **Alomana**, de origem arará (do Daomé), que nasce no odu Irete Paure;
- **Alufamá**, que nasce no odu Odi Iroso;
- **Añaguí** (***Añaguí Oñanguí*** ou ***Oñankilodó***), muito sábio, que assegura a prosperidade e a fertilidade, pois possui o dom da renovação da vida;

- *Arayeyí*, que é porteiro de Orula e protetor de Oxum;
- *Arere Obí Oké*, mensageiro de Olodumare, guia e adivinho, que desceu da montanha sagrada (*oké*) para viver com Ogún, ajudando a Humanidade;
- *Aridiyí*, que causa terror e espanto;
- *Ariwó*, que fala no odu Ogunda Di;
- *Atachó*, de origem daomeana, que nasce no odu Odi Otrupon;
- *Awó Bará*, adivinho originário de Oyó, que é o sustentáculo de Ifá;
- *Awoikogusi*, que fala em Obara Otura;
- *Ayentolu*, que nasce no odu Oche Omolú;
- *Ayerú*, que é servidor e guardião de Ifá;
- *Barabó*, que fala no odu Ojuáni Bosá;
- *Bara Lasuayó*, que é o dono da porta ou entrada da casa;
- *Baralayikú*, que colabora com Babalú Ayé no transporte dos mortos e também serve como porteiro de *Orula*;
- *Bibakikeño* (ou *Kikañaó*), que trabalha com Orula e com Ochosi;
- *Baragagalúo*, que é o pássaro mensageiro de Orula;
- *Chiguidí* (ou *Chugudú*), que trabalha com Ifá e castiga com pesadelos;
- *Dexe*, que nasce no odu Osa Ojuáni;
- *Ebelakenú*, que fala no odu Iwori Ogunda;
- *Ekileyo*, originário de Oyó, que é sábio, grande adivinho e protetor das pessoas que buscam o conhecimento;
- *Elufé*, que é um ancião de trato muito fino, respeitoso, não admitindo mau comportamento nem palavras torpes em sua presença;
- *Guiriyelú*, que é "a cabeça do mundo", tendo participado da criação do Universo;
- *Ibanlá*, que fala no odu Ogunda Kete;

CAPÍTULO 10 · AS DIVINDADES LUCUMÍS

- *Idema*, que fala no odu Odi Meyi;
- *Ilelú*, que nasce no odu Ogunda Oche;
- *Imalé* (ou *Malé*), que mostrou a Orula as sementes de dendê usadas na adivinhação;
- *Iyelú* (ou *Yelú*), que é o Eleguá dos alufás, sacerdotes malês, vive na atmosfera e é mensageiro de Olofín;
- *Jacuma*, que pertence aos grandes *bokonon* (adivinhos) do antigo Daomé e é o guardião das casa dos babalaôs;
- *Kaika*, que fala no odu Iroso Yekú;
- *Kakará Karará*, que é preparado com uma concha marinha;
- *Karuwó*, que nasce no odu Ofún Wori e vive num graveto de goiabeira;
- *Koima*, que nasce no odu Osa Uré;
- *Koteró*, que fala no odu Obé Sa;
- *Labolarinde*, que fala no odu Ogunda Masá;
- *Lametá*, que fala no odu Iwori Koso;
- *Lache*, que fala no odu Oche Turá;
- *La To Opá*, que é o bastão de Olofim;
- *Layí Borí*, que nasce no odu Otrupon Birete;
- *Lodé*, que fala no odu Otura Iroso;
- *Lona*, que fala no odu Oyekun Bira;
- *Masankío*, que fala no odu Ogunda Lení;
- *Nanke* (ou *Nangüé*), que nasce no Odu Oche Lazo;
- *Nikiniki*, que é o pássaro "mayito" e nasce no odu Iwori Koso;
- *Obansí Layé*, que acompanha Odudúa;
- *Obaralaketu*, que acompanha Xangô;
- *Obasín*, que foi companheiro de Odudúa na fundação de Ifé e é assistente de Orunmilá;
- *Obayilá*, que fala no odu Okana Wori;
- *Obiwé*, que fala no odu Obé Wanle;

- **Odubule**, que trabalha com Ifá;
- **Oká**, que fala no odu Ogunda Masa;
- **Oloyó**, que fala no odu Otura Ogunda;
- **Osa Iká**, que tem o mesmo nome do odu em que nasceu;
- **Osa Lo Fobeyó**, que é o mesmo que Iyelú;
- **Shikí**, que fala no odu Obé Sa;
- **Soko Yokí**, que fala no odu Otura Bara.

Observe-se que cada manifestação ou qualidade de **Eleguá** se relaciona a um odu. Assim, quando se diz que ele "nasce" em determinado signo de Ifá, o que se quer significar é que, em um determinado itã desse signo, está seu mito de origem.

Em alguns escritos, o nome **Eleguá** aparece grafado com dois "gg", *Elegguá*, e até mesmo com "w": *Elewá*. Etimologicamente, a origem do nome é o iorubá *Ẹlẹ́gbẹ́ra*, na forma contracta *Ẹlẹ́gbáà* (Abraham, 1981, p. 186). Segundo Andreu Alonso (1995, p. 24), **Elegbara** é a denominação de **Eleguá** em lucumí antigo – tanto como era, aliás, um dos nomes de *Èṣù* (Exu) em Oyó.

Consoante a interpretação de Bolívar Aróstegui (1990), a dupla **Eleguá-Echú** constitui a expressão mítica da inevitável relação binária universal entre o que é positivo e o que é negativo. Na tradição iorubá, segundo a autora, a casa representa o refúgio por excelência, o lugar privilegiado contra os percalços da vida cotidiana. Na porta de cada casa mora Eleguá, marcando com sua presença a fronteira entre os dois mundos: o interno, da segurança; e o externo, do perigo. Mas não há segurança sem perigo nem sossego sem inquietação. Por isso, a dupla **Eleguá-Echú** é indissolúvel, apesar da oposição dos contrários. **Eleguá** protege o lugar e, quando há problemas, foi porque nele entrou Exu (Andreu Alonso, 1995, p. 36). A sabedoria lucumí cubana – repetimos – costuma dizer que "*Echú* entra quebrando a porta e *Eleguá* entra com jeitinho".

A INTELIGÊNCIA DOMINA A FORÇA

Diz Ifá que, após a Criação do Mundo, no transcurso de várias gerações, já não se viam mais, como no início, seres humanos dotados de força e estatura descomunal, capazes de arrancar do chão e carregar nas costas árvores gigantescas. Então, abriu-se passagem a novos indivíduos, com as proporções como as atuais e que, ante a necessidade de realizarem construções enormes, utilizavam a inteligência dada pelos Benfeitores para executar obras magníficas com peças menores e facilmente manejáveis, e com o uso de mecanismos e artifícios para levantar pesos maiores. Uma das divindades que presidiram esses ofícios foi Ogum, que ensinou aos humanos como extrair e aproveitar os metais da terra. Porém, ao desenvolverem a inteligência, surgiu nos seres humanos uma variedade de instintos que eles, em sua origem, não tinham. Antes disso, sendo seres de proporções gigantescas, os humanos não levavam consigo maus sentimentos como inveja, luxúria, baixeza e covardia. Mas ao desprender-se das Entidades Malévolas que infestam o Planeta, estas trabalharam duro para influenciar a mente humana, dando origem a indivíduos de variadas escórias (ralés), que desde então se movem em todas as sociedades, como malfeitores, assassinos e violadores; praticantes de magia maléfica e que abusam de sua inteligência, como os falsários e defraudadores, os que comerciam com a dor alheia, e todos os que se localizam nos níveis mais baixos em que Ifá situou as pessoas. Sem dúvida, a partir dessa época, foi facultado aos humanos empregarem livremente sua inteligência nos mais variados propósitos, pois o que não se pode com a força se obtém com a inteligência.
(cf. Espinosa; Piñero, 1997)

DEIDADES E DIVINDADES

Além de *Eleguá* – guardião das chaves do Destino, orixá que abre e fecha os caminhos à desgraça ou à felicidade –, o panteão das divindades lucumís compreende as altas "deidades" e um conjunto inumerável de orixás, que falam no oráculo Ifá através de *Orula*. Esses orixás são agrupados na tradição lucumí em orixás maiores, os que participaram da Criação do Mundo, e menores, os que nasceram depois.

No panteão das Altas Deidades, divindades absolutas, figuram:

- *Odudúa* – Em algumas interpretações, seria um Egun, pois teve vida terrena. Mas no Ifá lucumí é muito próximo de *Orula* e *Obatalá*, de quem é tido, em certas aspectos, como um dos caminhos ou avatares. Observe-se que, na tradição nagô do Brasil, Odudua é cultuado como um orixá feminino.
- *Obatalá* – Criador da Terra e moldador da forma dos seres humanos. De absoluta pureza, é o protetor da mente (*Orí*), governando os pensamentos e os sonhos.
- *Orúmila* – Grande Benfeitor da Humanidade e nosso principal conselheiro, é a Deidade que nos revela o futuro e possibilita influir sobre ele.

ORIXÁS MAIORES

Como Orixás Maiores, além de *Eleguá*, a tradição lucumí considera as seguintes divindades (Bolívar Aróstegui, 1990):

- *Oroíña* – Manifestação feminina do fogo primordial, cujos poderes formaram os maciços montanhosos, as serras e as cordilheiras.

- *Ogún* – Senhor dos minerais, principalmente do ferro e de seus artefatos, como ferramentas de trabalho e armas de ataque e defesa; preside a guerra em todos os seus aspectos.
- *Ochosi* – Patrono da caça e, por associação com *Ogún*, também da guerra. Por abrir as portas dos cárceres, é também protetor dos que têm problemas com a Justiça.
- *Osun* ou *Ozun* – Mensageiro de *Obatalá* e *Olofín*; *Orula* se apoia nele para exercer seus poderes, pois *Osun* toma conta das cabeças dos iniciados em Ifá.
- *Yemayá* – Cultuada como Mãe de todos os orixás, por ser senhora das águas do mar, fonte fundamental da vida.
- *Olokun* – Dono das profundezas dos oceanos, associado a *Yemayá*, de quem é às vezes visto como pai. Simboliza o mar em seus aspectos ocultos, misteriosos e amedrontadores.
- *Ochún* – Senhora do amor, da feminilidade e da sexualidade feminina, protege as gestantes e parturientes. É também a "senhora" do merindilogum, o jogo de búzios com dezesseis elementos, variante do método divinatório Ifá mas tido por alguns como uma modalidade anterior (Reis, 2008, p. 384, n. 64). A cultuada como *Ochún Kolé* (de *ikole*, primordial) é a grande auxiliar dos babalaôs (Barnet, 1995, p. 60).
- *Changó* – Dono do raio, do trovão e, consequentemente, do fogo; mas é também o dono dos tambores *batá*, bem como da música e da beleza viril. Em uma de suas encarnações terrenas, segundo algumas interpretações, foi *alafín* (rei) de Oyó; daí ser o orixá que configura o maior número de virtudes e imperfeições humanas (Barnet, 1995, p. 108).

- **Agayú Solá** – Orixá da terra seca, dos desertos, patrono dos caminhantes e carregadores. Tido, em algumas tradições, como pai de **Changó** e filho de **Oroíña**.
- **Oyá-Yansán** – Dona dos ventos, das tempestades e dos raios, na condição de companheira de **Changó**. É também relacionada aos Eguns, quando vive no mesmo ambiente astral de **Yewá** e **Obá**.
- **Obá** – Com **Yewá** e **Oyá**, forma a trilogia dos orixás femininos ligados à morte e aos cemitérios.
- **Yewá** – Orixá encarregado de entregar os cadáveres para que **Oricha Okó** os consuma. É o orixá da austeridade feminina.
- **Babalú Ayé** – Orixá das enfermidades, notadamente das afecções da pele. Segundo alguns autores, é um caminho do vodum daomeano *Azonwanno* ou *Asowano*, sendo pois de origem arará, como sua mãe **Nana Burukú**. Mas seu nome lucumí remete ao yorubá Ọbaluaiyé, "senhor rei da vida" ou "rei senhor da vida".
- **Oricha Okó** – Orixá da terra, da agricultura e dos lavradores. Devora os cadáveres que **Yewá** lhe entrega, consumando a transmutação da matéria.
- **Inle** – É o médico dos orixás lucumís e também o patrono da pesca e da horticultura. Relacionado a **Ochún** por meio da relação marital, que teria dado nascimento ao filho **Logun Edé**, que no lucumí é tido como um caminho de **Ochún**.
- **Osáin** – Dono da Natureza como um todo.
- **Iroko** – Orixá do arabá ou ceiba, árvore muito importante, tida como "o bastão de Olofín" (Bolívar Aróstegui, 1990, p. 163).
- **Ikú** – A morte, orixá encarregado da renovação da Existência, como vimos páginas atrás, no capítulo sobre Ifá e a Existência.

OSÁIN, O DONO DAS FOLHAS

Orixá das plantas e da medicina vegetal, dono da Natureza e representação dela, segundo algumas tradições cubanas, *Osáin* tem como nome completo *Osáin Oguenegui Aguado Kunikuni* ou *Osáin Aguchuye*. Vive na mata cerrada junto com *Aroni*, um negrinho de uma perna só. Boca torta, cabeça grande, apenas uma perna e um braço, ficou assim por um castigo que recebeu de **Olofín**, ao desobedecer a uma recomendação para não caçar o veado, animal sagrado e votivo da Divindade Suprema.

Originário do povo mandinga, fundador do Império do Mali, saindo de sua terra por motivo de guerras, foi adotado pelos povos tapa, marrim, arará e vizinhos; e por seu conhecimento das ervas, relegou o médico *Inle* a um segundo plano.

Sua fala não é facilmente compreensível pelos humanos. Mas, segundo a tradição, por artes de pura magia, articula palavras como os seres humanos, canta e ri como se fosse uma pessoa, com sua voz saindo de uma pequena cabaça preparada com ervas. Entretanto, só quem pode ser *olosáin*, dono ou dona desses segredos, são homens ou, senão, mulheres que já tenham chegado à menopausa.

Sem as folhas de *Osáin* não existiriam os orixás (*ko si ewe, ko si orisa*). Entre outras manifestações ou avatares dessa poderosa divindade, e tambem orixás a ela associados, podemos citar: **Adibare, Aseglo, Burukú, Elewejada, Igbó Bere, Ogamán, Ombowa, Osasa Kewereye.**

OSÁIN, ESCRAVO DE ORUNMILÁ

Osáin era escravo de **Orúnmila**. E certa vez, indo até a floresta, *Osáin* conheceu *Aroni*, um homenzinho de uma perna só, mas que sabia tudo sobre as plantas e seus poderes, tanto os curativos quanto os mortíferos. *Aroni* gostou muito de *Osáin* e resolveu iniciá-lo no mistério das ervas, e o fez rapidamente. Um dia, por ter decidido iniciar um pequeno cultivo de hortaliças e outras plantas úteis, *Orúnmila* mandou que *Osáin* fizesse a capina. Contudo, durante o preparo do terreno, *Osáin* examinava planta por planta, exaltando as virtudes ou aplicações medicinais de cada uma delas; dessa forma demonstrava por que não deviam ser arrancadas. Vendo aquilo, *Orúnmila* também passou a interessar-se pelo poder curativo dos vegetais. A partir de então, determinou que, nas consultas que ele dava, *Osáin* ficasse sempre ao seu lado, como o médico do Orum, para prescrever os remédios necessários a todos os doentes que procurassem o maior dos babalaôs. Tornando-se, então, o senhor das folhas por designação de *Orúnmila*, *Osáin* passou a ser conhecido, requisitado e respeitado. Todos os orixás recorriam a ele em caso de doença. Iam à sua casa oferecer sacrifícios em troca de pós, pomadas, banhos, infusões e beberagens, rendendo-lhe um verdadeiro culto. Um dia, porém, *Changó* entendeu que aquele poder exclusivo não era correto e que *Osáin* deveria compartilhar com os outros orixás o seu conhecimento sobre as plantas. *Changó* pediu, então, a *Osáin* que dividisse suas folhas com os outros orixás, mas ele se recusou. Diante desse fato, *Changó* mandou que *Oyá* fizesse o vento levar ao seu palácio todas as folhas de *Osáin*, o que logo começou a ocorrer. *Osáin* percebeu a tempo e, com uma invocação ritual – "Ewe iwá sá!" ("As folhas curam!") –, fez a maior parte delas voltar aos seus lugares. As que não retornaram perderam a força e o poder de cura. Então, *Changó*, admitindo a vitória de *Osáin*, compreendeu que ele era de fato o dono das folhas. *Osáin*, entretanto, num gesto magnânimo, deu uma folha para cada orixá, ensinando a cada um deles as cantigas e procedimentos rituais sem as quais aquelas folhas não funcionam. É por isso que todos os orixás reverenciam *Osáin* quando utilizam suas plantas, inclusive *Orúnmila-Ifá*, com quem tem profunda amizade. No entanto, os principais segredos sobre folhas, caules e raízes, *Osáin* guardou para si, e só os revela àqueles que se dedicam inteira e exclusivamente ao seu culto. *Osáin* continua na mata, ao lado de *Aroni*, seu grande mestre. Para o sustento dos dois, o sacerdote de seu culto, quando vai à floresta colher plantas, deve sempre levar para eles uma oferenda em dinheiro. (Lopes, 2005, p. 219)

ORIXÁS MENORES
O conjunto dos "Orixás Menores", mas não menos importantes, compreende, entre outros, *Ajé Chaluga*, *Aroni*, *Boromu*, *Chugudú*, *Dadá*, *Ibeyis*, *Ogué*, *Ochumare*, *Olosá*, *Orungán*, etc. E sobre todos, maiores e menores, pairam as supremas forças de *Olodumare*, *Olorun* e *Olofín*.

O DESENCANTO DE OLOFÍN
Olofín é tão poderoso que, de início, criar o Mundo lhe pareceu ser algo bastante fácil. Mas quando distribuiu funções a cada uma das divindades ao seu redor, deu-se conta de que os humanos já estavam se desentendendo, no que ordenou a *Ajagunán* (avatar de *Obatalá*, jovem e guerreiro) que fosse dar fim às disputas.

Olofín é a paz absoluta, e não entendeu o porquê de *Ajagunán*, em vez de serenar os ânimos, atiçar ainda mais as lutas. Interrogando o jovem guerreiro sobre a razão de sua atitude, *Olofín* ouviu dele a seguinte resposta: "Sem discórdia não há progresso, meu Pai. Fazendo com que dois queiram a mesma coisa que quatro desejam, e vencendo o que for melhor, o mundo avançará mais depressa."

Então, *Olofín* concluiu: "Muito bem! Se assim for, o mundo durará até o dia em que você abandone a guerra e se deite para descansar." Pois esse dia ainda não chegou. Mas nesse momento

> ***Olofín*** compreendeu que sua obra de Criação deixava muito a desejar, e se desiludiu. Desde então, passou a não mais intervir nos assuntos terrenos.
> (Bolívar Aróstegui, 1990, p. 66-67)

REINTERPRETAÇÕES E RESSIGNIFICAÇÕES

Assim como, de certo modo, metamorfoseou Exu em **Eleguá**, o Ifá lucumí reinterpretou certas características de **Olofín**. Que, embora sendo o Ser Supremo Criador, não permanece, na liturgia do Ifá lucumí, totalmente afastado dos seres humanos.

Olofín existe retirado, mas recebe homenagens dos **babaláos**. E às vezes desce ao Mundo, sobretudo em cerimônias secretas de iniciação de novos sacerdotes, nas quais é honrado com sacrifícios e oferendas.

Outra reinterpretação parece ter ocorrido com *Orò*, divindade dos povos iorubás egba e ijebu. Mencionado como **Orun** no ambiente lucumí cubano, onde é tido como o rei do mundo transcendental, do "campo santo" imaterial, é divindade profundamente ligada a Egun, pelo que sua devoção configura um culto a ancestrais, com cerimônias secretas e absolutamente proibidas de ser presenciadas por mulheres ou crianças (Cabrera, 1986, p. 275). Na África, Orò era visto como um dos seguidores de *Eleshijé* (*Elesije*), a divindade da medicina em Ifé; mas seu culto se revestia também de aspecto repressivo, principalmente contra pessoas acusadas de práticas de magia maligna, ou seja, feitiçaria (Bascom, 1969b, p. 93).

CAPÍTULO 11
Odus, a Continuidade

Em Cuba, a surpreendente continuidade da tradição iorubana dos odus, também referidos como "signos", foi confirmada em uma publicação referencial de William Bascom (1952), *Two forms of Afro-Cuban divination*, na qual se provava que os babalaôs africanos e crioulos tinham retomado a tradição dos odus em Cuba, com nomes e histórias explicativas virtualmente intactos. Nesse processo, instrumentos usados na prática divinatória africana desde tempos imemoriais, bem como as dezesseis nozes sacralizadas de dendezeiro, tinham sido introduzidos na ilha caribenha (Thompson, 1983, p. 34). Na mesma obra, entretanto, Bascom informava que poucos sacerdotes conheciam o uso das dezesseis nozes do dendê, muitos deles permanecendo limitados ao uso do opelê, mais frequentemente empregado também na Nigéria (Thompson, 1983, p. 276, n.77).

No Ifá lucumí, assim como na forma original, o odu é o veículo que expressa a resposta ou indicação fornecida pelo oráculo. Por isso, uma de suas definições é a de "texto oracular canônico" da tradição de Ifá (Carvalho, 1993, p. 65). Do mesmo modo que na África, no Ifá lucumí cubano existem 256 odus, sendo dezesseis principais, dos quais nascem outros 240, os chamados ọmọ-odù (odus filhos), dentro dos padrões fixados pelos iorubás em seu ambiente de origem (Adékòyà, 1999, p. 63).

A CIÊNCIA DOS ODUS

Tanto na África quanto nas Américas, a ciência dos odus é um conhecimento especializado sobre o modo pelo qual tudo estava disposto no começo, com os primeiros humanos e as divindades; e como estão hoje com os que não esqueceram os costumes antigos e os assumem como realmente são (Oduyoye, 1996, p.

98). As associações entre odus e orixás variam conforme os lugares e segundo os principais autores que se ocuparam do tema. Assim, levaremos em conta, nas principais associações feitas por William Bascom (1969a) no clássico *Ifa Divination*, apenas aquelas observadas nas tradições de Ifé e Oyó.

OS PRIMEIROS DISCÍPULOS

Diz Ifá que, um dia, guiado por Elegbara em uma de suas longas viagens, Orunmilá, acompanhado de uns poucos discípulos, chegou a uma das muitas regiões do país iorubá. E lá, depois de firmar alianças com reis e sacerdotes de outros cultos, fundou a pequena cidade de Ipetu. A partir daí, começou a instruir um numeroso grupo de discípulos, para selecionar os 16 mais aptos. Suas aulas envolviam longas discussões filosóficas, nas quais propunha questões para todos discutirem e elucidarem. Para melhor fixação dos assuntos aclarados e de seus ensinamentos, o Mestre criou uma série de símbolos, cujos significados e interpretações seriam exclusivos dos alunos. Esses símbolos eram escritos em tabuleiros que ele mandou confeccionar, tendo por fundamento um que Xangô lhe dera tempos atrás. Como base para inscrição dos signos, Orunmilá passou a utilizar pó de inhame seco em homenagem a Orixá Ocô, o fertilizador da terra.

Assim que selecionou, de acordo com suas habilidades, os 16 seguidores desejados, Orunmilá lhes falou: "Irmãos, são cinco os sacerdotes que vieram comigo. Somados a vocês, são 21 os meus discípulos. Esse número corresponderá, então, ao número de iquines que sempre serão entregues a cada um dos iniciados em Ifá. Na cerimônia que agora iniciaremos, farei nascer 16 reis, que são vocês, como depositários da dignidade e da sabedoria do culto."

> Concluída a cerimônia, Orunmilá determinou que cada um dos 16 sacerdotes criasse novos grupos de discípulos. As experiências de cada um deles deram origem, então, às numerosas histórias que compõem os textos de Ifá.
> (Lopes, 2005, p. 108-110)

Orunmilá deu a seus apóstolos os nomes de *Eyiogbe (Èjì Ògbè)*, *Oyekun (Ọyẹku)*, *Iwori (Ìwòrí)*, *Odi (Òdí)*, *Iroso (Ìrosùn)*, *Ojuáni (Ọwọ́nrin)*, *Obara (Ọbara)*, *Okana (Ọ̀kànrùn)*, *Ogunda (Ògúndá)*, *Osa (Òsá)*, *Iká (Ìká)*, *Otrupon (Ótúúrúopọn)*, *Otura (Òtúá)*, *Irete (Ìrẹtẹ̀)*, *Oche (Òsé)* e *Ofún (Ofun)*.

OS ODUS MÊJIS (MEYIS)

O termo iorubá *méji* (abrasileirado como "mêji" e no lucumí, *meyi*) traduz-se em português como "dois" ou "duplo". Assim, os odus mêjis são os dezesseis primeiros do sistema Ifá; e isto porque são figurados por duas colunas verticais paralelas contendo os mesmos elementos. No Ifá lucumí, cada um deles identifica simbolicamente um dos dezesseis discípulos que se tornaram, numa analogia com o cristianismo, sacerdotes e apóstolos de *Orúmila* na divulgação de seu saber.

Vejamos então as características de cada um deles.

EYIOGBE

Invocado respeitosamente como **Babá** (Papai) *Eyiogbe*, pois é o "pai" de todos os outros odus e o primeiro em ordem de chegada. É de natureza masculina, numa qualificação que tem o mesmo sentido daquela que na filosofia chinesa, taoísta, nomeia a bipolaridade cósmica: *yang* e *yin*, masculino e feminino.

Eyiogbe representa e simboliza a vida, o princípio das coisas, a luz, a existência material e o ponto cardeal Leste, o Oriente, onde nasce o Sol. No corpo humano, é o dono da cabeça e o senhor da respiração; tem o domínio da coluna vertebral, sustentáculo do corpo, e dos vasos sanguíneos. É ligado a Obatalá, sendo por isso também referido como ***Babá Eyiogbe***. Na tradição de Ifé seria também associado a Oxum; e na de Oyó, a Xangô. Segundo algumas fontes, reina sobre todos os outros odus por determinação de Odudua. Ejiogbe foi quem revelou como a mente humana, a cabeça (Ori), é em si mesma uma divindade; e como ela veio a ocupar o lugar fundamental que ocupa no corpo humano.

Diz Ifá que ***Eyiogbe*** significa "dupla salvação", porque esse apóstolo, ao nascer, evitou que seu pai e sua mãe ingerissem um alimento envenenado. Ele é o primeiro do grupo, o rei de todos, representa o Sol, o dia e o princípio das coisas; a ele compete comandar a vida, conservando o meio ambiente e assegurando fartura e bem-estar. Por suas características especiais, Orunmilá determinou que o opelê de ***Eyiogbe*** devia ser feito com contas de prata. Por sua força, esse discípulo curou enfermos, abriu o caminho da fortuna aos pobres, propiciou fertilidade às mulheres estéreis e realizou muitas ações importantes. Contudo, ***Eyiogbe*** ficou tão pobre que, às vezes, não tinha o que comer. Foi quando Orunmilá enviou mensageiros para explicar-lhe a necessidade de cobrar algo por seus trabalhos, para que levasse uma vida digna. Com essa orientação, o apóstolo prosperou e foi bem-sucedido e respeitado até o fim de seus dias.

OYEKUN MEYI
Odu de natureza feminina, é a contraparte e a complementaridade de ***Eyiogbe***. Foi quem introduziu a Morte (Iku) no mundo, estando intimamente ligado a Ela, à noite, às trevas e ao ponto

CAPÍTULO 11 · ODUS, A CONTINUIDADE

cardeal Oeste, direção onde o Sol morre para renascer no Leste. É o odu que melhor conhece as funções e os domínios de Iku, a morte, bem como de Arun, a doença. Entretanto, tem vários aspectos positivos que se referem aos antepassados, pois em seus domínios está a rota de acesso à ancestralidade. Na tradição de Ifé seria associado a Ori (a mente); e na de Oyó, a Obatalá.

Diz Ifá que *Oyekun* foi, entre os discípulos de Orunmilá, o que melhor compreendeu o sentido da morte (Iku). Por ter sido quem, no início dos tempos, apontou os aliados de Iku, Azoani e Arum, quando estes rondavam ameaçadores, é ele quem avisa a proximidade de doenças e acidentes fatais. Orunmilá o nomeou "rei da noite". Contudo, o proibiu de usar gorro ou chapéu; mesmo assim, ele teria de enfrentar a chuva em qualquer circunstância. Seguindo essa orientação, *Oyekun* foi admirado e próspero até o fim da vida.

IWORI MEYI

Odu de natureza masculina. Representa a circunstância da reintegração do espírito ao plano da existência puramente espiritual. Ligado ao ponto cardeal Sul, no corpo humano rege os braços e pernas. Além de ser adivinho e profeta de nascença, este odu tem o domínio sobre os animais, além de dominar a habilidade das construções e do artesanato. Em Ifé, estaria indelevelmente ligado a Ifá e Exu; e em Oyó, a Ogum. Sua presença, numa consulta, pode indicar necessidade de cuidados e proteção, mas também assinala força em coisas que estão para nascer. Seu aparecimento pode indicar males cerebrais, como perda de memória.

Diz Ifá que *Iwori* foi a fortuna de sua família, pois já no ventre materno todos sabiam que sua mãe iria dar à luz um adivinho. Assim, ninguém cobrava dessa mulher nada do que precisava. Ainda bem pequeno, era ele quem orientava seus pais sobre as limpezas rituais necessárias para obter prosperidade e ensinava aos seus os benefícios da alimentação carnívora. Hábil e talentoso artesão, *Iwori* gostava de confeccionar coroas com plumas, com as quais presenteava os obás que frequentemente visitavam o seu reino, Ipetu. Em retribuição, os obás lhe davam dinheiro e bens, tornando-o um homem muito rico. Além de próspero, esse discípulo foi muito respeitado como adivinho.

ODI MEYI

Odu de natureza feminina. Contraparte de *Iwori Meyi*, representa e simboliza o domínio da matéria sobre o espírito e o consequente aprisionamento deste pelas questões puramente materiais. Ligado ao ponto cardeal Norte, no corpo humano rege toda a parte traseira, do dorso às nádegas. Na tradição de Ifé estaria ligado a Egungum e na de Oyó, a Oxum.

Diz Ifá que *Odi* caracterizou-se, desde pequeno, por sua personalidade muito nervosa e irritadiça. Feito apóstolo, vivia de forma misteriosa, sempre solitário e afastado das aldeias. Por demonstrar muito conhecimento sobre as diferenças entre os sexos e os mistérios da sexualidade, *Odi* recebeu de Orunmilá o reinado da formação do gênero humano. Além de facilitar os partos problemáticos, ele foi também renomado curador de inválidos, cegos e outros enfermos.

IROSUN MEYI

Simboliza o domínio do ser humano sobre seus semelhantes, pelo uso da força e da violência, inclusive da tortura física e do derramamento de sangue. Segundo algumas fontes, estaria relacionado à figura de um pássaro muito esquivo dos demais e que teria a fama de defecar sobre as cabeças das outras aves. No corpo humano, regula o fluxo menstrual. Em Ifé, liga-se a Xangô e em Oyó, a Ibeji.

CAPÍTULO 11 · ODUS, A CONTINUIDADE

Diz Ifá que Irosun nasceu e cresceu em extrema pobreza, e por isso não pôde, na juventude, casar-se nem ter filhos. Durante sua preparação para o sacerdócio, ele proclamou a relação das partes do corpo com o tempo de vida do homem: as costas se relacionam ao passado; o peito e o ventre, ao presente; e as pernas, ao futuro imediato. Com base nessa associação, estabeleceu-se a posição dos signos do oráculo no oponifá. E a sabedoria e os feitos milagrosos de *Irosun* o credenciaram como o mais importante dos apóstolos iorubanos de Orunmilá.

OJUÁNI (OWONRIN) MEYI

Contraparte feminina e complemento de *Irosun*, simboliza o equilíbrio do Universo, o mistério que envolve a existência das montanhas e das rochas. No sentido metafísico, é a fonte da confusão que conduz à elevação, da mesma forma que o caos da topografia faz parte da estrutura do Universo. Assim, ao mesmo tempo, tanto representa a força e a espiritualidade, quanto a cobiça humana. Liga-se ainda ao valor da vida e à necessidade da morte, mostrando a equivalência de ambas e alertando, por exemplo, sobre a possibilidade de destruição contida na posse excessiva de riquezas. Na tradição de Ifé, liga-se a Exu e na de Oyó, a Erinlé.

Diz Ifá que *Ojuáni* foi um dos menos renomados discípulos de Orunmilá, pois nunca se mostrou amante da fama e da popularidade. Além de sacerdote, tornou-se comerciante; e, por sua prosperidade, despertou a inveja e a inimizade de muitas pessoas. Orunmilá outorgou a *Ojuáni* o reino das profundezas da terra e deu-lhe muitos conhecimentos de magia para combater seus inimigos.

OBARA MEYI

Aconselha sobre o prodígio da cura e das soluções para os problemas mais complexos. Relaciona-se à possibilidade de concretizar todos os anseios de realizações humanas. Mas alerta para o fato de que a materialidade pode levar à mentira, à falta de escrúpulos e à loucura. Em algumas fontes, é citado como o "rei dos ventos", através dos quais costumaria comunicar-se. Ganhou do Criador muitas atribuições e honrarias, inclusive a de representar a condição soberana dos reis. Odu com inúmeros aspectos multifacetados, com múltiplos significados (desejo e desapego); em Ifé estaria ligado a Abiku e em Oyó, a Oyá.

Diz Ifá que *Obara* se destacou, desde muito pequeno, por seu gênio zombeteiro e mentiroso. Ainda jovem, embriagava-se e fazia promessas que não cumpria, o que o levou ao descrédito e à pobreza. Com sua iniciação, entretanto, sua vida mudou. Orunmilá, então, entregou a *Obara* o reino das pirâmides e das montanhas, que é o espaço intermediário entre o Céu, de Obatalá, e a Terra, de Odudua, e, portanto, o reino de Ifá.

OKANA MEYI

"Uma só palavra, a primeira palavra" é o lema deste odu, que ensina sobre o poder do "verbo atuante", do que se fala, tanto para o bem quanto para o mal. Sendo o odu sob cuja influência nasceu a fala humana, simboliza as muitas línguas faladas no mundo, mas também aponta a falsidade e a tradição, conduzidas pela desonra da palavra. Na tradição de Ifé, seria um odu ligado a Ifá, e em Oyó, a Iemanjá. Menciona o momento em que os humanos não foram agradecidos a Orunmilá por todo o bem que dele receberam.

Diz Ifá que *Okana* foi camponês até se tornar adulto, vivendo numa terra onde era impossível prosperar, pois numerosos animais predadores destruíam as colheitas das famílias.

CAPÍTULO 11 · ODUS, A CONTINUIDADE

Uma vez iniciado, *Okana* partiu em peregrinação e chegou, com seu grupo, a uma aldeia que estava prestes a ser assaltada. Com paus e folhas de palmeiras, ele e seus companheiros fizeram um enorme alarido, pondo em fuga os malfeitores, que julgaram ser aquele grupo um grande exército. Os aldeões, agradecidos, aclamaram *Okana* o obá da região. A partir de então, ele viveu mais dedicado ao governo e à agricultura que ao sacerdócio, para o qual iniciou vários substitutos. *Okana* recebeu de Orunmilá o reino das enfermidades e das coisas contagiosas, porque, durante sua iniciação, três pessoas morreram de repente em Ipetu.

OGUNDA MEYI

Odu relacionado à ideia de repartir, dividir, separar. Assinala corrupção e decadência, inclusive vícios que acorrentam, tradição, violência, servidão dos infelizes. Da mesma forma, aponta assassinato, ganância, covardia, miséria humana, enfim. No corpo humano comanda as partes íntimas e aponta possibilidades de frouxidão dos costumes e contaminação por doenças venéreas. Na tradição de Ifé este odu seria ligado a Orixalá e em Oyó, a Xangô.

Diz Ifá que *Ogunda* mereceu o apostolado por sua grande sabedoria e habilidade política. De palavra fácil e convincente, tornou-se um grande adivinho depois de iniciado, aliando a força de Ogum aos dotes de Orunmilá, que lhe concedeu o reino da lei, da justiça e das técnicas de guerra, bem como o poder sobre o ferro e o fogo.

OSA MEYI

Odu relacionado à noção de selecionar, escolher. Destaca o poder que a mulher exerce sobre o homem e explica os fundamentos desse poder. Nele habitam poderosas forças maléficas que podem ensinar a dominar o fogo e a utilizar o poder dos astros sobre o que acontece no mundo, inclusive o poder da Lua sobre os seres vivos. Este odu preside a invocação de todos os outros odus, representada pelo ato de riscar no pó do tabuleiro as marcas que identificam os signos. Em Ifé é ligado a Oxum e em Oyó, a Ifá e Elegbara.

Diz Ifá que *Osa* foi um dos mais hábeis e espiritualizados discípulos de Orunmilá. Por possuir altíssimos dons de comunicação com as outras dimensões, recebeu do mestre o reino dos espíritos. No exercício do apostolado, foi muitas vezes atacado por bruxos e feiticeiros; porém, com seu poder, fez com que os malefícios voltassem para os malfeitores. *Osa* conservou seus dons espirituais até o fim da vida, sem deixar, contudo, de adquirir bens e riquezas.

IKÁ MEYI

É o odu em cujo âmbito nasceu o feitiço, a bruxaria, a maldade, representados pela serpente venenosa. Segundo algumas fontes, é odu ligado ao mistério da reencarnação e ao domínio sobre os espíritos abiku. Entretanto, não se liga à fecundação, mas sim ao aborto e à falsa gravidez. É signo ligado ao fogo; mas assinala também o aparecimento das primeiras embarcações, bem como dos cais e ancoradouros. Assim, aponta para abertura de comércio, âmbito em que representa a astúcia e a inteligência. No corpo humano, relaciona-se com as costas e as clavículas. Segundo Bolívar Aróstegui e Porras Potts (1996, p. 265), os orixás que falam neste signo são: **Orula**, **Osáin**, **Ogún**, **Yemayá**, **Obatalá**, **Ibeyi**, **Nana** e **Ikú**. Em Ifé é ligado a Ona (caminho) e em Oyó, a Ori (cabeça).

Diz Ifá que **Iká** foi um dos apóstolos mais jovens e, por isso, a princípio, seus pares não o entendiam bem. Entretanto, como também tinha um grande poder de comunicar-se com os espíritos, granjeou, aos poucos, o respeito e a admiração dos demais discípulos. Depois de iniciado, viajando com seu séquito para estabelecer-se no litoral, *Iká* encontrou-se com Ogum, que lhe forneceu ferramentas e apetrechos de pesca. Foi graças a esses utensílios que ele conseguiu salvar a vida de um obá que naufragara com quase toda a sua corte. Por esse feito, foi venerado como um deus e recebeu de Orunmilá o reino da serpente.

OTRUPON MEYI
É o odu da "terra firme". Liga-se aos mistérios que envolvem a criação do planeta Terra, a geração dos seres humanos e os cuidados para evitar abortos e partos prematuros. Assim, refere-se à gravidez de um modo geral, além de apontar fatos relacionados às protuberâncias normais e anormais do corpo humano, como furúnculos, tumores e inchações diversas. Seu domínio envolve também a obtenção de riquezas não imaginadas. Em Ifé é ligado a Ifá e em Oyó, a Ilé (terra).

Diz Ifá que *Otrupon* era um criado e assistente de Oragun – que, depois de iniciado, passou a chamar-se *Ofún*. Como seu patrão, ele tornou-se discípulo de Orunmilá, destacando-se pela brilhante inteligência. Foi *Otrupon* quem, durante as aulas, conseguiu explicar como a inteligência chegou ao ser humano. Orunmilá entregou a *Otrupon* o reinado sobre tudo o que é grosso e redondo, além de fazê-lo dominar o dano, a enfermidade, as bruxarias, os ardis e as armadilhas.

OTURA MEYI
Odu relacionado a Odudua. Rege a separação das coisas, inclusive a dissociação dos átomos com a qual se consegue dominar o poder da matéria universal; e, da mesma forma, utilizar com sabedoria a força mágica existente na fala humana. É um odu feminino, que comanda a boca, tida como a "mãe da mentira";

porém a boca pode dizer tanto coisas más, como pragas e imprecações, quanto coisas boas, como conselhos e orientações. Indica também a ideia de desunião, o cativeiro na Terra e a felicidade no Céu. Na tradição de Ifé é odu ligado a Oxum e em Oyó, aos alufás (adivinhos).

Diz Ifá que *Otura* foi um dos discípulos mais civilizados, instruídos e de palavra mais fluente. Como apóstolo, viajou por várias regiões, conhecendo formas de vida as mais diversas. Foi assim que *Otura* criou a bolsa de viagem (*apô abirá*), imprescindível a todo sacerdote peregrino como ele. Contudo, a cada região que chegava, *Otura* via que a penúria era maior que na anterior. Por ajudar todas as pessoas nos lugares onde passava, tornou-se um dos homens mais ricos da terra iorubá. Orunmilá o fez reinar sobre os inimigos.

IRETE MEYI

Está diretamente relacionado ao espírito da Terra. Ligado a **Babalú Ayé**, detém poder sobre a doença e a cura. Tem também ligação com a longevidade e a saúde. Mas seu nome não pode ser pronunciado junto com o de *Oche Meyi*. Na tradição de Ifé é relacionado a Obaluaiê; e na de Oyó é ligado a Xangô.

Diz Ifá que *Irete* é natural da terra de Ijexá, onde se chamava Eiyelemerê. Durante as aulas de sacerdócio, foi ele quem assinalou que a foice – arrebatada de Iku por Exu em marcante episódio – deveria ser atributo de Oyá, a feroz guerreira aliada de Orumilá. *Irete* se distinguiu por propiciar fertilidade a muitas mulheres. E o Mestre lhe concedeu o domínio sobre o espaço contido dentro dos círculos, como o do tabuleiro de Ifá.

OCHE MEYI

É o odu da degeneração, decomposição, putrefação da matéria, bem como de doenças e perdas, e de tabus como o incesto. Está relacionado a tudo o que é passível de ser quebrado e também de tudo o que exale mau cheiro. Na tradição de Ifé é ligado a Oro ou Oxum, e em Oyó, a Okê. A grande arma das pessoas desse signo, ou para quem ele apareça numa consulta, é a discrição, característica que, entretanto, é quase sempre incompreendida.

Diz Ifá que *Oche* era um dos mais velhos entre os discípulos. Sua tese fundamental, durante as discussões, era a de que o dinheiro havia chegado ao mundo para resolver problemas e, ao mesmo tempo, criar outros tantos. Assim, firmou opinião de que toda consulta ao oráculo deveria ser remunerada. Orúnmila o aconselhou a ter cuidado com esse modo de ser, lembrando-o de que nem sempre se pode ganhar e que, às vezes, é necessário perder. Orúnmila deu a *Oche* o domínio sobre a região oriental, de onde vinha o *ouô-eió*, o búzio, que era a moeda de então.

OFÚN MEYI

Odu também referido como Oragun, Orangun Meyi ou Babá Epa. Resume as características e relações de todos os demais odus e, com eles, todos os segredos do Universo. Considerado um odu feminino, dentro dessa ideia seria a mãe dos quatorze odus mêjis dos quais *Ejiogbe* é o pai, tendo prioridade sobre todos eles. Tem o comando de todas as coisas vivas e de tudo o que é branco; e detém o poder de ressuscitar os mortos. Quando este odu aparece no tabuleiro, seu nome não deve ser pronunciado. Em vez de anunciá-lo, o babalaô sopra três vezes sobre as palmas das mãos estendidas, para afastar possíveis negatividades (Beniste, 2001, p. 60). Em Ifé é ligado a Ifá e em Oyó, a Odu.

Diz Ifá que *Ofún* era filho de um rei e se destacou por sua eloquência. Foi ele que estabeleceu a tradição de que a iniciação sacerdotal deve durar sete dias: seis de atividades e um para limpeza da casa e descanso. Também foi esse discípulo que determinou a importância da pena de papagaio (ecodidé) na confecção da coroa dos iniciados. Além disso, **Ofún** decifrou o segredo da ciência médica e do uso das plantas curativas. Respeitado, viveu prosperamente perto da fronteira com o país dos ararás.

OS ODUS FILHOS

Da combinação, entre si, desses odus principais nascem outros, chamados *ọmọ-odù* (odus filhos) ou *amalu*, completando-se assim um conjunto de 256, os quais, novamente combinados, vão perfazer um total inumerável de signos, cada um contendo as diversas mensagens interpretadas pelos *babaláos* (Adékọ̀yà, 1999, p. 63).

Entre os "odus filhos" cabe destacar **Oche Otura** ou Oxeturá (*Òse Òtwa*). Trata-se, ao mesmo tempo, de um odu e um irunmolé, cujo nome, segundo Juana Elbein, teria origem na expressão *Ase tu wa*, "o poder o trouxe a nós", do iorubá (Santos, 1976, p. 154). Aliás, na concepção dessa autora, os dezesseis odus *meyi* seriam também irunmolés. E Oxeturá seria o Exu primordial, ou representante deste, participante da Criação do Mundo, nascido do ventre de Oxum e do axé dos dezesseis irunmolés, sendo por isso detentor do supremo poder masculino (Santos, 1976, p. 150–161).

REFRANES (PROVÉRBIOS)

No patrimônio imaterial dos povos africanos, representado pela riqueza tradicional acumulada desde os primórdios de sua consciência, os provérbios costumam representar momentos de alta sabedoria. Em suas sínteses profundas, essas expressões do pensamento contêm, em geral, a essência da filosofia das sociedades que os criaram, como as iorubás, continuadas nas Américas pelos lucumís em Cuba e os nagôs no Brasil. Na consulta a Ifá, os provérbios introduzem as mensagens dos odus. Assim, deles apresentamos, em versões traduzidas e adaptadas (Orishaifaile, 2018), a seguinte seleção exemplificadora:

BABÁ EYIOGBE

- Apenas um único rei governa um povo.
- No atalho ou na estrada, mal e bem sempre vão juntos.
- Sabedoria, compreensão e pensamento são as forças que movem a Terra.
- A mão só sobe à cabeça para protegê-la.
- O maior erro é não aprender com os erros cometidos.
- Na música, o sino sempre soa mais alto que os outros instrumentos.
- Nem na altura nem na largura, a mão pode ser maior que a cabeça.
- Nenhum chapéu pode ser mais famoso que uma coroa.

OYEKUN MEYI

- Um nó dado numa corda não tira sua força.
- Nem um grande jacaré pode pegar e comer uma palmeira de dendê.

- Tem gente que, mesmo com luz à volta, ainda fica no escuro.
- Quando a noite é muito escura, o olho não vê através de um pano preto.
- Chamando a morte de longe, quem responde é gente viva.
- A sombra jamais abandona o homem.
- Sabedoria de velho é igual a barro molhado: caindo nele, pode fazê-lo escorregar e quebrar a cabeça.
- Um pingo de chuva nunca vai cair sozinho.

IWORI MEYI
- Você nasceu ontem, mas antes já tinha estado neste mundo.
- Cada laranja que se planta, é uma laranja que se arranca.
- Leão que prepara os dentes, é tanto pra selva quanto pra cidade.
- Com uma perna só ninguém corre: e uma só moeda não tilinta no bolso.
- A corda não é feita de um fio só. [A corda é feita de muitos fios]
- O enxadão tem cabeça mas não tem cérebro.
- Cabelo na cabeça, mas limpo de consciência.
- O ar é que faz o abutre.

ODI MEYI
- Arrependa-se dos erros do passado; mas, nos do presente, assuma as consequências.
- Um tigre não pega um cão preso numa jaula de ferro.
- Um rio não pode ir fazer guerra a outro rio.
- Um filho é a continuidade de nossas obrigações na vida.
- Por mais forte que o vento sacuda as folhas da palmeira, a grama embaixo dela não tem medo.

- Quem perverte alguém na rua, leva o mal para casa.
- Quem é guerreiro de Ifá, não vai à guerra com lança.
- A mosca se interessa por todos os cadáveres; mas nenhum vivo se finge de morto perto dela.

IROSO MEYI
- Ninguém sabe o que existe de fato no fundo do mar.
- Não há vitória sem obstáculos.
- Tudo o que existe no mundo já tem seu fim programado.
- Tem gente que tira um olho só por ver alguém que é cego.
- Martelo muito pesado machuca o chão com a cabeça.
- Quem dá de comer também aos deuses da "Má Sorte" não se preocupa com os infortúnios.
- Enquanto a águia for viva, canário não chega a obá (rei).
- O fogo se apaga, o sol de esconde, mas a pena do papagaio não perde a cor.

OJUÁNI MEYI
- A injustiça, mesmo feita a um só, é uma ameaça para todos.
- Um médico pode ajudar a outros, mas não a si mesmo.
- Se Ajaguná [*Ajagùn nòn*, título de chefe guerreiro] não dá a ordem, a guerra não vem ao mundo.
- Quem não impõe respeito, recebe ofensa.
- O mal que desejas a outro, voltará a ti.
- Os olhos veem que o fogo cozinha, mas não o veem comer.
- Uma esteira ordinária não se estende sobre uma boa.
- A lembrança do agradecimento fica no coração.

OBARA MEYI
- Tua língua é o teu leão: se deixar, ela te devora.
- Quem não fala demais não morde a língua.

- A codorna é tão sabida que dorme no chão.
- O que não é hoje vai ser amanhã.
- O tempo é lento para os que esperam, veloz para os que temem, longo para os que sofrem, curto para os que se alegram; e para o que amam é uma Eternidade.
- O homem paciente chega a ser rei do Mundo.
- Quando um papagaio fala, o homem se cala.
- O homem nasce sincero e morre mentiroso.

OKANA MEYI

- Nenhuma tarrafa pesca um hipopótamo.
- A cabeça do homem tem duas faces opostas: a cólera do coração e o desejo de amor.
- A boca que eu alimento jamais vai anunciar minha sentença.
- Quem come inhame cozido, não pensa em quem o colheu.
- A mata dá erva boa, mas também tem erva má.
- Água que lavou as mãos, depois que caiu no chão não se pode usar de novo.
- De um saco bem amarrado, se se virar nada cai.

OGUNDA MEYI

- Facão, quando vai ao campo, corte ou não corte uma planta, sempre ele volta pra casa.
- A vida do babalaô só não será boa quando a garça branca puser ovos negros.
- A planta, mesmo cortada e transplantada, se reproduz como o tronco original.
- Mulher de caçador não grita de prazer quando a flecha do marido não acerta o alvo.
- O facão, mesmo velho, ainda corta um sabugo de milho.
- O céu é imenso, mas no seu chão não crescem ervas.

CAPÍTULO 11 · ODUS, A CONTINUIDADE

- Dentro do cofre da riqueza também cabem a paciência e a benevolência.
- Da discussão nasce a luz.

OSA MEYI
- Eu sozinho contra o mundo e o mundo contra mim.
- Se dormes bem sobre a terra, ela te contará seus segredos.
- Pássaros de penas iguais voam sempre juntos.
- A saliva ajuda a língua a falar melhor.
- O homem é tão livre quanto um pássaro na gaiola.
- O cervo veloz é o orgulho da mata; e o arco-íris é o orgulho do céu.
- A Terra gira tanto que faz a Lua girar.
- Quem quer pegar um cavalo, leva milho no alforje.

IKÁ MEYI
- Toda árvore seca, menos o bambu.
- Modéstia e simplicidade cabem no cofre da riqueza.
- Um rei do povo Hauçá jamais morre pobre.
- Quem pensa em trair já consumou a traição.
- Quem com ferro fere, com ferro será ferido.
- O ouro jamais vai faltar nos olhos do leopardo.
- A cabeça cai na água, mas não afunda.
- Quando a âncora se move, o barco para.

OTRUPON MEYI
- Uma pedra só não calça uma estrada.
- Sem a ajuda de Xangô, nenhum rei põe a coroa.
- Não se lava as mãos para tocar o chão.
- A palha seca disse à verde: quando eu terminar minha vida você começa a sua.
- Casa com telhado é mais bonita; mas é mais quente.

- Quando rio enche, até no capim das margens se pesca.
- Em tempo de guerra, soldado não dorme.
- Quando a memória me falha, eu recorro aos meus segredos.

OTURA MEYI

- Felicidade, só se tem a que se dá a alguém.
- Quem dá para guardar, acaba tendo que pedir.
- Pode tirar as penas do papagaio, que elas nascem de novo.
- Quem divide casa com um babalaô não passa necessidades.
- O Sol nunca pode jamais capturar a Lua.
- Quem trabalha com anil tinge a roupa.
- O mundo é uma terra estranha; o céu, mesmo, é a nossa casa.
- No passarinho, o bico é tanto para comer quanto para fazer o ninho.

IRETE MEYI

- Um pente não penteia um calvo; uma navalha não barbeia um imberbe.
- Só a varíola pode insultar Ikú sem correr risco de vida.
- O povo que me salvou também se salvará; quem não me ajudar, jamais vai se safar.
- Olodumare nunca adoece nem fica triste. Só ouviremos falar de sua morte pela boca de um mentiroso.
- É preciso ter cuidado para não cair no poço da riqueza.
- O Sol não pode nada contra o guarda-chuva.
- Juiz que muito adverte não quer encontrar culpados.
- Quem semeia três árvores, planta prosperidade.

OCHE MEYI

- O dinheiro que me cai do céu, se eu não tiver cuidado ele me sepulta.
- O sol nasce para todos.
- Quando se sacode a cabaça de Osáin, a doença foge apavorada.
- Só por ter alguns penachos, a palmeira acha que pode ser chamada de rainha.
- Peixe que insulta jacaré corre risco de morrer.
- Todo amanhã um dia se torna ontem.
- Filhote de gato também caça ratazana.
- A liberalidade do rico deseduca o filho.

OFÚN MEYI

- A morte nunca está distante; nem cansada.
- A espuma do sabão na cabeça some; mas a cabeça fica.
- A morte não aceita suborno.
- O vento disse: não posso matar o rei, mas lhe arranco a coroa.
- A morte do jovem é canoa que naufraga no rio; mas a do velho é canoa que chega ao cais.
- A morte nunca vomita o corpo que come, mas não pode digerir a alma.
- A morte não tem nariz para cheirar e distinguir o rico do pobre.
- Quando a morte chega, a Verdade não quer saber de oferendas.

CODINOMES DOS ODUS
///

No Ifá lucumí, todos ou quase todos os odus são mencionados, entre os iniciados, por espécies de codinomes, apodos, hipocorísticos ou apelidos. E esse costume vem da África, e por razões bastante profundas, como explanado páginas atrás, no Capítulo 5, seção "A Fala dos Odus".

CAPÍTULO 12
Aculturação e Outras Questões

O estabelecimento de africanos, escravizados ou não, nas Américas, entre os séculos 16 e 19, resultou na formação de um complexo cultural que reproduzia, com as naturais modificações, padrões até hoje vivenciados no continente de origem; e isto é evidente no campo religioso.

Especificamente no que toca à tradição de culto dos orixás iorubanos – lucumís em Cuba e nagôs no Brasil –, essa continuidade é flagrante. Apesar de mais de três séculos passados, é impressionante observar como esta expressão cultural sobrevive e se fortalece, contra todos os impedimentos, especialmente os representados pela expansão mercantil de algumas vertentes religiosas de outras naturezas, em nível transnacional. Neste panorama, a mecânica da consulta ao oráculo Ifá percorre, nas Américas, um a um, os mesmos passos descritos desde Leo Frobenius (1949, p. 246), na década de 1910, até William Bascom (1969b, p. 70) e R. C. Abraham (1981, p. 276) meio século depois.

A sobrevivência, entretanto, envolve, aqui e ali, fenômenos de assimilação, com adaptação de traços significativos de outras modalidades religiosas; e também momentos de sincretismo ou justaposição de elementos de outras modalidades. Para todos esses fenômenos preferimos usar o termo "crioulização".

O IFÁ CUBANIZADO

O vocábulo "crioulo" (em espanhol *criollo*; *créole* em francês e inglês) nasceu na língua portuguesa, no século 16, para designar inicialmente o escravo nascido na casa do senhor; e depois ganhou o significado geral de "negro nascido em uma colônia europeia", para distinguir daquele nascido na África e trazido para as Américas pelo tráfico negreiro. Mais tarde, o termo teve ampliada a esfera de sua utilização para designar, talvez politicamente, durante os movimentos independentistas do século 19, o indivíduo descendente de antigos colonizadores, mas nascido no continente americano.

A partir de certo momento, essa distinção chegou aos estudos linguísticos, para designar os falares surgidos do contato entre as línguas dos senhores e a dos trabalhadores importados da África, no ambiente escravista, entre os séculos 16 e 19. Na primeira fase desse contato, da necessidade de comunicação entre ambas as partes, surgia um tipo de fala simplificada, resultante da mistura de duas ou mais linguas, que recebeu o nome técnico de *pidgin*[2]. Aos poucos, esse *pidgin* se transformava, como muitos se transformaram, em "crioulo", num processo que recebeu o nome de "crioulização".

Na atualidade, mais estendido ainda, o termo "crioulização" designa o rompimento com uma realidade cultural anterior, seguida da adoção de elementos particulares de uma nova realidade, em busca de um sentido diferente.

No campo das religiões de origem africana, Roger Bastide chamou de "religiões conservadas" ou "em conserva" aquelas que, embora vividas intensamente por seus adeptos, imobilizam-se, reagindo contra qualquer tipo de mudança, num processo que ele chamou de "mineralização cultural" (Bastide, 1974, p. 120), que pode levá-las à extinção. No momento deste texto, o fenômeno parece ser observado, no norte do Brasil, em algumas respeitáveis comunidades de culto cujos fundamentos remontam ao século 18.

---

2 *Pidgin*, segundo o Dicionário Houaiss, é uma corruptela chinesa do termo inglês *business* (negócio), atestada desde o início do século 19. A expressão *pidgin English* (*business English*, inglês para negócios), registrada em meados do século 19, marca a transição para o significado de "linguagem". Os termos antes usados na Europa para designar as línguas de contato eram *língua geral* e *língua franca*. (Hoad, 2018, verb. *pidgin*; Houaiss; Villar, 2001, verb. *língua*)

CAPÍTULO 12 · ACULTURAÇÃO E OUTRAS QUESTÕES

Já as "religiões vivas" são, na visão de Bastide, aquelas em que as inovações não representam esforço de renovação mas, sim, processos de evolução, como ocorreu no candomblé da Bahia, com inovações trazidas pelo babalaô Martiniano Eliseu do Bonfim, após sua viagem a Lagos (Nigéria), no início da década de 1880 (Bastide, 1974, p. 122). Este foi também o caso do vodu haitiano. Com a Revolução e a Independência, em 1804, o Haiti, ao mesmo tempo que eliminou a opressão colonial francesa, rompeu em parte com a África, criando uma identidade própria. Assim, o povo haitiano fez com que sua religião refletisse as mudanças ocorridas na infraestrutura das comunidades camponesas. Então, o vodu evoluiu, transformando-se numa religião "viva" e "vivida" (Chávez Mendoza, 1982, p. 85). Daí, às entidades espirituais africanas vieram se somar outras, nascidas no próprio ambiente haitiano, crioulas enfim.

Esclareça-se que a conotação do termo "vodu" como um conjunto de práticas diabólicas, selvagens e sanguinárias não corresponde à realidade. Até porque o termo *vodun* designa cada uma das divindades cultuadas pelo povo *fon* do atual Benim. E os fiéis da vertente religiosa haitiana referem-se a ela como *sèvi Lwa*, ou seja, "servir aos espíritos". Mas o chamado "mundo ocidental" preferiu o nome estigmatizado; aplicado, aliás, a um conjunto de práticas dedicadas ao bem-estar de seus adeptos, inclusive com importantes contribuições à medicina holística, natural e espiritual (Beauvoir, 2011, p. 201).

No Ifá lucumí, alguns conceitos foram redefinidos ou reformulados em relação à ortodoxia iorubana. Assim, por exemplo, **Odudúa**, reconhecido como o grande ancestral de todo os povos iorubás, e sendo, no candomblé da Bahia e também em Cuba, identificado como um dos "caminhos" ou avatares de **Obatalá** é, ainda, interpretado como a Deidade que representa **Olofín**, embora, no culto de ***Orula***, ***Olofín*** possa receber oferendas e sacrifício, em contato reservado a bem poucos dos consagrados a Ifá (Bolívar Aróstegui, 1990, p. 67, 75).

De toda forma, entretanto, ***Odudúa*** é o grande esteio do panteão lucumí. Sem Ele não se pode fazer nada: tem poder e domínio sobre todos os Orixás; e tem como guardiões dois filhos de ***Olokun***: ***Bronsia***, orixá dos tornados; e ***Boromu***, orixá das correntes marinhas.

***ORULA* E SÃO FRANCISCO**

Antigos cubanos associaram Ifá a São Francisco de Assis, santo católico celebrado no dia 4 de outubro. Na tradição lucumí cubana, ***Orúnmila*** ou ***Orula*** tem como traços de Sua divina identidade as cores verde e amarela; os números 4 e 16; os dias 4 de todos os meses e em especial o dia 4 de outubro, quando é festejado com o santo católico. A associação deve-se ao fato de que ***Orula*** tem, como arquétipo, o tipo humano tranquilo, bondoso, justo, certeiro, sério e prestativo, como teria sido em vida o santo católico.

SINCRETIZAÇÕES

Sincretismo é a combinação, em um só sistema, de elementos de crenças e práticas culturais de diversas fontes. No universo deste livro, o fenômeno resultou do encontro nas Américas, ao longo de todo um processo histórico, das religiões provenientes da África com o catolicismo e com doutrinas e práticas de outras procedências, inclusive nativos do novo continente. Em toda a Diáspora, ao associarem orixás, inquices e voduns a santos católicos, os antigos respeitosamente trouxeram para o

CAPÍTULO 12 · ACULTURAÇÃO E OUTRAS QUESTÕES

seu domínio, através de analogias, as divindades dos senhores do poder. E isto, para acréscimo de sua força vital; e quase da forma pela qual alguns povos guerreiros da Antiguidade entronizavam em seus templos os deuses dos adversários vencidos. O fato de certas celebrações das religiões afro-americanas serem realizadas em dias santificados pelo catolicismo – como as de *Orula* no dia de São Francisco de Assis – pode ser visto também como uma estratégia dos oprimidos pelo escravismo: como em geral não folgavam em seu trabalho, a não ser nos dias santificados dos senhores, eles usavam esses dias para fazer também suas celebrações, à sua maneira.

Outro traço crioulo do Ifá lucumí é a presença de entidades não iorubanas, como por exemplo o vodum do povo arará – jeje, no Brasil – *Azoáni* (em fon, *Azonwãnnò*), em lugar de Obaluaiê ou *Babalú Ayé*, ou mesmo junto dele. Outro ainda é o sinal da cruz cristã que se costuma sobrepor às figurações dos odus quando riscados no atefá ou em qualquer outra superfície, além de referências muçulmanas como a saudação *salam aleikun* observada em algumas rezas. Neologismos como os verbos "mojubar" e "atefar" também, assim como o uso de velas, acesas durante as cerimônias.

Sobre esse costume, convém lembrar que, segundo o folclorista brasileiro Câmara Cascudo (1980, p. 786), a vela acesa simboliza a vida, a fé, a presença do homem cristão. Mas também serve para afastar os "espectros e animais fantásticos", ou seja, forças metafísica indesejáveis. Assim, a presença de velas nas religiões de origem africana em todas as Américas, não ocorrente na África, pode representar um elemento absorvido da tradição cristã.

Segundo o escritor afro-americano Henry L. Gates Jr., a Cuba moderna vê na *santería* uma criação singularmente nacional. E o Ifá lucumí formou-se a partir da base fornecida pelo Ifá africano. Mas não é o mesmo. Os afro-cubanos praticam formas culturais que têm uma memória ancestral explícita de sua própria soberania como seres humanos. Na opinião de Gates Jr. (2014, p. 268-269), centenas de anos de escravidão e de opressão severa impediram sua ligação consciente com a África.

FORMULAÇÕES FILOSÓFICAS

Nos ensinamentos de Ifá, a cabeça humana (Ori) é também reconhecida como a sede do conhecimento e do espírito; e por isso é vista como uma divindade, recebendo, assim, veneração e culto. Mas ela não é autossuficiente; e para que esteja sempre bem necessita de que todas as partes do corpo também estejam. Essa constatação se faz presente em um mito da tradição de Ifá, contido no signo (odu) denominado *Osa Otrupon* ou *Osa-trupon* que pode ser resumido, como no quadro a seguir.

A CABEÇA COMO SEDE DO CONHECIMENTO
Diz Ifá que, certa feita, Ori, a cabeça, cheia de si, andava falando mal de Iho-Idi, o ânus, dizendo que ele não tinha uma função nobre. Tomando conhecimento da maledicência, o atingido resolveu parar de trabalhar e paralisou suas funções. Com isto, em pouco tempo todos os órgãos do corpo humano em que Ori reinava tiveram seu funcionamento prejudicado. E a própria cabeça logo passou a sentir dores terríveis. Consciente, então, de sua má ação, Ori pediu desculpas a Iho-Idi, que a perdoou e voltou a funcionar, para normalidade do corpo.

Esta narrativa, simples e bastante conhecida até a atualidade, em ambientes religiosos afro-brasileiros, é um eloquente exemplo do saber de Ifá e da profundidade dos conceitos presentes no pensamento tradicional africano.

O SACRIFÍCIO RITUAL

Na tradição religiosa africana continuada na Diáspora, um dos ritos mais frequentes e indispensáveis é o do sacrifício, não só o do animal quanto do vegetal – quando parte de uma planta, folha, caule, raiz, flor ou fruto, é destruída. Trata-se, como explicado em Thomas e Luneau (1981, p. 213-214), de um ato simbólico através do qual um ser vivo passa do estado profano para o sagrado; e de um procedimento que assegura a comunicação entre o mundo sagrado e o profano, por intermédio de uma vítima (palavra que tem origem no latim *victima*, significando exatamente "animal oferecido em sacrifício"), ou seja, de um ser consagrado e destruído em uma cerimônia ritual.

O sacrifício é, então, mais do que uma dádiva ou uma troca de dádivas em forma de reciprocidade forçada – "dou-te para que me dês" –, como avaliaram alguns pensadores, porque o objeto da oferenda é imolado, isto é, destruído. Trata-se, portanto, de uma consagração, porque assegura a união; e, melhor ainda, de uma transformação do profano em sagrado, que vai da libação (o ato de borrifar bebida ou derramá-la, como mencionado no Capítulo 4) à imolação (entrega da oferenda); e da imolação à consumação, efetivada com o banquete ritual. Assim, o ritual tem por objetivo assegurar a circulação de forças a partir do local do sacrifício, por intermédio da vítima, o que permite às divindades se nutrirem da essência espiritual do ser, animal ou vegetal, objeto da consagração.

Portanto, o sacrifício, em Ifá, é o meio mais importante e eficaz para que se alcancem os objetivos da prática religiosa. Porque, ao expirar, todo ser vivo libera energia vital, energia essa que vai se juntar à da Força Divina homenageada, para reverter acrescida ao ofertante e à comunidade.

Observemos, ainda, que a escolha de determinados animais ou vegetais para cada tipo de sacrifício é também uma manifestação do prestígio de cada um deles: em vez de serem "intocáveis", como em outras religiões mundiais, os seres empregados no sacrifício são eleitos, em função de sua importância, para juntarem sua Força Vital à da Divindade.

Além disso, os animais sacrificados, depois que sua energia, através do sangue e de partes vitais, é absorvida pela Divindade, são sempre utilizados – exceto em situações específicas – como alimento pela comunidade religiosa.

Ressalte-se que já no século 19, os antropólogos franceses Marcel Mauss e Henri Hubert no *Ensaio sobre a natureza e a função do sacrifício*, de 1899, teorizaram sobre o assunto, a partir das práticas sacrificiais entre antigos hindus, gregos e judeus. E assim demonstraram como, no sacrifício, as energias do animal imolado escapam, "umas em direção aos seres do mundo sagrado, outras em direção aos seres do mundo profano" (Rosa Filho, 2018, p. 51).

Contrapondo-nos aos argumentos supostamente "ambientalistas", "preservacionistas" ou simplesmente intolerantes, lembramos que, em junho de 1993, decisão histórica da Suprema Corte dos Estados Unidos garantiu aos praticantes de cultos africanos o direito de sacrificar animais em suas cerimônias religiosas.

No Brasil, o entendimento sobre a questão parecia encaminhar-se para a pacificação com acórdão do Tribunal de Justiça do Rio Grande do Sul, no sentido de que o sacrifício ritual não infringe o Código Estadual de Proteção de Animais. Respondendo a recurso contra esse entendimento, em 2007, o então subprocurador da República, Rodrigo Janot, argumentava no sentido de que "a pluralidade étnica e cultural da sociedade brasileira" exigia "a convivência respeitosa entre as diversidades, inclusive religiosas", sendo chegada a hora de a "parcela negra de nossa população" alforriar-se também "das religiões da sociedade envolvente" (Brasil, 2018). Assim, o subprocurador emitia parecer favorável ao acórdão. Em 28 de março de 2019, por unanimidade de votos, o Supremo Tribunal Federal confirmava essa posição, entendendo que a Lei estadual 12.131/2004, do Rio Grande do Sul, que permite o sacrifício de animais em ritos religiosos, é constitucional; e assim, finalizava o julgamento do Recurso Extraordinário 494601, que a questionava (www.stf.jus.br – 04.04. 2019). A defesa da Lei tomou como base, principalmente, práticas sacrificiais vigentes no judaísmo e no islamismo.

ANIMAIS VOTIVOS
Os animais imolados em oferendas sacrificiais são, em geral, aqueles que, por características físicas ou simbólicas, contam com a predileção das divindades homenageadas. Assim, temos, além de aves domésticas diversas, como galinhas, codornas e patos, o cágado ou jabuti de Xangô, os peixes de Iemanjá etc. Quanto a Orunmilá, no ambiente cubano, seu animal votivo é a *aura tiñosa* ou simplesmente *aura* (*Cathartes aura*), ave carnívora que, no Brasil, nada mais é que o nosso conhecido urubu, personagem de muitos contos populares. Apesar de seu porte comum, o urubu é notável pelas grandes alturas a que se eleva e por ser útil ao meio ambiente, já que se alimenta de carnes apodrecidas. Certamente pela alta amplitude do seu alcance visual (do alto, ele vê tudo), a *aura* é associada a **Orula**, de quem tem a

predileção. Entretanto, nos sacrifícios feitos ao Grande Benfeitor, a ave é sempre simbolizada por duas galinhas de cor preta.

GÊNEROS EM QUESTÃO

Na tradição de Ifá, como vimos no Capítulo 9, seção "A apetebí", a iniciação feminina dá-se apenas nesse grau, já que a condição de babalaô é eminentemente masculina. A questão é bastante discutida. E, para analisá-la, comecemos pela história.

A documentação histórica sobre Ifá na África refere mulheres "adivinhas" entre os nagôs, no Daomé e no Togo (Lühning, 2002, p. 200). Entretanto, nessa referência não se esclarece se os processos utilizados pelas oficiantes eram os específicos de Ifá ou o dos búzios, presidido por Exu-Elegbara. Assim, uma das questões mais discutidas no ambiente do Ifá, em nível internacional, continua sendo o papel supostamente subalterno reservado às mulheres e a alegada exclusão de membros da chamada "comunidade LGBT".

Sobre as mulheres, sublinhemos que seu papel aparentemente secundário não configura inferioridade, e sim a observância de um princípio, seguido nas sociedades tradicionais, segundo o qual, cada gênero e cada grupo de idade ocupam lugares específicos, desempenhando tarefas pertinentes, em proveito e benefício da organização social.

Lembremos mais que, da mesma forma que a tradição de Ifá-Orunmilá é essencialmente masculina, patriarcal, entre os iorubás de Queto, Egba e Egbadô, nas cerimônias de *Gèlèdé* (Gueledé), os rituais com as máscaras características são executados por homens. Mas a sociedade é dirigida por mulheres, pois só elas possuem os segredos e poderes das *ìyàmi* (Lühning, 2002, p. 23).

CAPÍTULO 12 · ACULTURAÇÃO E OUTRAS QUESTÕES

Essa tradição do Gueledé – nome abrasileirado, a partir da Bahia – sobreviveu no Brasil na forma de uma associação feminina. De acordo com Bascom (1969b, p. 65), *Gèlèdé* é uma divindade cujo culto se relaciona com ritos de magia ofensiva. Entretanto, em vez de executar ritos maléficos, as adeptas o que fazem é apaziguar as feiticeiras do mundo invisível oferecendo-lhes sacrifícios propiciatórios. De fato, Gueledé é tida como um ser sobrenatural que foi feiticeira em sua vida terrena; e que, sua tradição sendo originária de Ketu, Egbado e Ifonyin, na parte mais ocidental do território iorubá, foi conhecida no Brasil mas não chegou ao ambiente lucumí cubano. Suas cultoras, na Nigéria, segundo o mencionado autor, eram senhoras que mantinham pequenas aves ou gatos como animais domésticos, nos quais as almas das feiticeiras podiam entrar para saírem à noite, fazendo malefícios. O seu culto, dentro da dialética iorubana, que reconhece a inevitável presença do mal na Terra (sem a qual o bem não faria sentido), servia para aplacar a influência maléfica das ajés. Gueledé parece ser o nome pelo qual Iyami Oxorongá é conhecida. E sua ausência ou invisibilidade em Cuba talvez se deva à sua origem: seu culto é originário de Ketu, na fronteira com o antigo Daomé, atual Benim.

Veja-se, ainda com Verger e como mais importante, que *Iyami* tanto pode ser situada entre as feiticeiras como entre as divindades da Criação do Mundo. Em ambos os casos, Ela tem poder moderador, contra os excessos do poder. Com suas intervenções, contribui para garantir mais justa repartição dos bens e das posições sociais, impedindo os mais bem-sucedidos de monopolizarem essas posições e riquezas (Verger, 1992, p.37).

A questão do papel da mulher no Ifá lucumí deriva, salvo melhor interpretação, de um fator fundamental dos costumes tradicionais iorubás, como já mencionado páginas atrás. E esse fator era o culto de divindades distintas na família biológica da mulher e na de seu marido. Nesta família, embora aceita como perpetuadora da linhagem do marido, enquanto genitora de filhos dele, ela não era totalmente integrada, pois suas divindades eram as da casa paterna.

Viria daí, segundo alguns entendimentos, em obediência a um costume ancestral, a restrição do acesso da mulher ao sacerdócio de Ifá, onde ela é tradicionalmente a *apetebí*, ou seja, simbolicamente, a "mulher do babalaô" (Verger, 1992, p. 99-100).

O odu *Odi Meyi* estabelece a importância do recebimento, pela mulher, do *Ikofá*, o conjunto simbólico dos ensinamentos de Ifá. Essa importância reside no poder a ela conferido a partir da cerimônia. Já *Ogunda Oche* estabelece a natureza da relação marido e mulher; da mesma forma que o odu *Iwori Bara* teoriza sobre o cargo de *apetebí ayafá*. Mas o odu *Irete Ogbe* nega às mulheres o acesso ao nível ocupado pelo babalaô.

Ainda sobre o papel feminino, lembremos que uma das versões para o significado da saudação *iboruboya ibochiché*, além das que vimos em outros capítulos, diz ser ela uma evocação dos nomes de mulheres que, em certa passagem mítica, ajudaram *Orula* a sair vitorioso de provas a que *Olofín* o submeteu. Chamavam-se *Aború* e *Aboyú* (Cabrera, 1986, p. 24). Em outra versão, expressa no odu *Ogunda Meyi*, *Iboru*, *Iboya* e *Ibochiché* seriam os nomes de três mulheres de *Orula*. De qualquer modo, evidencia-se aí o protagonismo feminino na tradição de Ifá, cuja ampliação é reivindicada, contemporaneamente, tanto na Nigéria quanto em certas comunidades de culto nos Estados Unidos (Capone, 2011, p. 226 e seg.).

Outro ponto importante é a questão da homossexualidade, condição natural hoje observada através de outra ótica. Em algumas sociedades africanas essa condição, tanto masculina quanto feminina, coexistiu e certamente coexiste com a norma heterossexual. Para M. Gerviser (1999, p. 961-962), é o caso, por exemplo, de comunidades na África Austral onde mulheres mais velhas de maridos destacados para trabalhar por longo tempo nas minas da África do Sul tomavam outras, jovens, como "esposas". Em algumas sociedades muçulmanas do norte nigeriano, segundo o mesmo autor, rapazes eram postos à disposição de homens mais velhos como opção pré-matrimonial ou extra-marital preferível à sexualidade descontrolada e antissocial.

Em alguns relatos, lemos sobre nativos africanos portadores de um grau de narcisismo tão elevado que frequentemente os conduzia à prática homossexual (Rachewiltz, 1963, p. 274). Mas em outros grupos, o desempenho do papel feminino se limitava unicamente à relação sexual e não caracterizava ou marcava de nenhum modo o indivíduo no restante de sua vida social.

São vários os exemplos. Entretanto, em muitos casos a condição homossexual era tolerada quando em atividades de desempenhos específicos; e quando o agente, embora sabidamente homossexual, unia-se com alguém do sexo oposto e produzia filhos. Na contemporaneidade, segundo a Comissão de Gays e Lésbicas pelos Direitos Humanos (IGLHRC), citada por Gerviser, alguns países africanos criminalizam a atividade homossexual. E isto, na contramão da visão "ocidental" do movimento global que busca afirmar publicamente a identidade *gay*.

Nas normas tradicionais iorubás, as uniões maritais são realizadas unicamente no interesse da coletividade, com vistas à procriação, que garante a continuação da linhagem familiar. Tanto que odus, como **Ofún**, **Irete**, **Iwori** e **Odi**, contêm itãs que abordam a questão. Assim, segundo a avaliação de Gerviser, por força, exatamente, da importância que a tradição africana confere à noção de família, a África e sua continuidade nas Américas acabarão encontrando um meio termo.

CAPÍTULO 13
Conclusões

Tanto em sua origem quanto em sua continuidade nas Américas, Ifá é ao mesmo tempo, um oráculo, veículo de consulta às divindades, e uma espécie de "livro não escrito", contendo todos os conhecimentos, sabedorias e experiências acumulados pelos iorubanos desde o século 5º EC, segundo fontes confiáveis. Esses conhecimentos, relativos à história, à filosofia, à medicina e até mesmo à matemática, expressam-se em milhares de narrativas, transmitidas através de parábolas, originadas pelos odus, que seriam como os "capítulos" deste livro não escrito. O conjunto deles constitui, indubitavelmente, um sofisticado corpo de conceitos filosóficos, ainda que a tradição acadêmica os defina como "populares".

A ORGANIZAÇÃO DAS COISAS

Diz Ifá que, no princípio dos tempos, quando Obatalá criou a espécie humana, o único lugar habitado era Ilé Ifé, onde a vida nascera e ainda era muito tranquila e agradável. Olorum e Orunmilá proviam tudo o que era necessário: cada família tinha seus campos de cultivo, que rendiam boas colheitas; e cada vez que faltava alguma coisa, bastava pedir que Olorum imediatamente providenciava. Nenhum ser humano possuía nem menos nem mais, nem pior nem melhor do que outro; e tudo se compartilhava, se repartia entre todos. Até que um dia, no meio do mercado, surgiu o descontentamento.

"Porque é que a vida de todo mundo aqui é tão igual, se parece tanto?" Perguntou um descontente. "Aqui, todo mundo fala a mesma língua, tem a mesma cor de pele, os mesmos pertences... É tudo a mesma coisa, não tem nenhuma variedade; e isso é muito monótono, muito maçante."

Então, uma grande discussão se formou e se espalhou entre a multidão:

"Tudo bem que eu me pareça com todos aqui. Mas por que eu não posso ter mais coisas que os outros?" Disse um homem, no que outro completou: "Está certo! Os Orixás são diferentes, os animais são diferentes... Por que não sermos também? Nós não precisamos ser tão semelhantes. O dia e a noite são diferentes; as luas não são todas iguais... Então, com os seres humanos devia ser assim também."

Mas logo uma mulher mais velha discordou: "Não! Vocês estão errados. Obatalá é sábio. E agiu muito bem ao nos fazer iguais e repartir os bens da Terra entre nós na mesma proporção. Nós temos é que agradecer a Ele por isso."

Entretanto, o veneno da discórdia já tinha se espalhado. E, por culpa daquele primeiro descontente, cada um dos habitantes de Ilé Ifé, salvo raras exceções, começou a achar que ser igual ao outro, como Obatalá os tinha criado, significava ter menos do que poderia ter. Assim, as queixas, vindas de todos os lados, chegaram até Olorum, que resolveu enviar um mensageiro para ouvir quem quisesse se manifestar.

O emissário ficou exausto de tanta reclamação que ouviu, por dias e dias, noites e noites: os que julgavam ter a pele muito escura queriam ficar mais claros e os que se achavam muito claros queriam ser mais morenos; os magros queriam ser gordos e os rechonchudos queriam ser magros... Quem não queria uma casa maior, queria um roçado com mais milho, inhame, quiabo etc., e mais rebanho no cercado. Houve até quem sonhasse ter de tudo sem trabalhar. E não faltou quem quisesse mudar de sexo.

O mensageiro voltou ao Orum e contou tudo o que tinha ouvido, com todos os detalhes. Ao que Olorum, depois de ouvir atentamente, falou:

"Esses humanos estão ficando insuportáveis. Eles têm que parar com essas demandas, se contentar com o que têm e deixar o mundo como foi criado. Volte lá e diga a eles que se eu fizer todas as mudanças que eles pedem, todos vão sofrer muito mais."

Regressando, o Mensageiro deu ciência a todos das ponderações de Olorum e da advertência feita por Ele. Mas as pessoas insistiram em seus pedidos absurdos. Então, Olorum, mesmo contrariado, mandou que se fizesse a vontade da gente de Ilé Ifé.

Assim foi feito e todas as solicitações foram atendidas. Mas aí, não passou muito tempo e as pessoas começaram a se desentender muito mais seriamente. Uns se queixavam que mereciam mais que outros e que a nova partilha não tinha sido justa; as pessoas das diversas cores menosprezavam os que eram diferentes; os que tinham recebido muito desprezavam os menos favorecidos; os que tinham pouco roubavam dos que tinham mais... Desta forma, armando-se grupos para lutar uns contra os outros, onde havia paz explodiu e se alastrou a guerra. Com o surgimento de modos de falar diferentes, onde antes só se falava a língua de Ifé, os diversos grupos surgidos foram buscando outras terras. Então Olorum, atendendo os que achavam monótonos e maçantes os tempos iniciais, criou novas cidades, novos países, novos costumes, novas culturas.

Mas os humanos jamais se satisfizeram. E a Terra nunca mais foi a mesma dos primórdios; nunca mais desfrutou de paz absoluta.

Será que Olorum fez bem? Será que Ele já sabia que era isso mesmo que iria acontecer?
(García-Cortez, 1980, p. 236–238, tradução nossa)

IFÁ É FILOSOFIA

Para a vida pessoal, um odu é a manifestação de uma força, expressa num signo que rege o nascimento de cada pessoa e é revelado pelo oráculo. Como já vimos, a tradição iorubá aponta a existência de dezesseis signos principais, cujas combinações perfazem 256 odus. Cada ser humano é regido por um desses odus. Os saberes dos odus são transmitidos através de uma infinidade de provérbios, versos e poemas, relatando a história da Criação e o papel que os Orixás e outros seres espirituais exerceram nessa história primordial. O conjunto dos odus forma, também, um repertório ou coletânea de normas e princípios sobre os quais se sustenta a tradição.

Dentro dos odus estão os caminhos e as possibilidades que cada um dos seres humanos carregará para o resto da vida. Nesse sentido, odu é o destino possível de cada um. Nele se explicitam as coisas que devem ser evitadas, os eventos que podem colocar em risco a existência, as comidas que fazem bem, as comidas que fazem mal, as aptidões profissionais, a relação com os ancestrais, as folhas que curam, as folhas que matam, os ebós que salvam, os orixás que acompanham. O que salva em um odu pode matar em outro. Nenhum ser humano escapa ao seu odu, vivendo os caminhos *iré* (positivos) ou *osobo* (negativos).

Segundo W. Abímbọ́lá (1996, p. 102), as parábolas de Ifá expressam importantes conceitos, como os de *orí*, a mente humana, e *iwapele*, o bom caráter. *Orí* é a essência da sorte e a mais importante força responsável pelo êxito ou pela derrota de um ser humano, pois é a força divinizada que comanda a vida pelos benefícios recebidos das forças maiores. Por sua vez, em Ifá, o bom caráter, *iwapele*, expressão da dignidade e da decência, é

CAPÍTULO 13 · CONCLUSÕES

comparado, com vantagem, a bens valiosos aspirados pelo ser humano, tais como conforto material, filhos, moradia, vida estável etc., sendo colocado acima de todas as riquezas.

Conforme Ifá, a Existência transcende o tempo da estada do indivíduo no planeta Terra, estendendo-se além desse período pelas lembranças que o ser humano deixa após a morte física. Daí, a relevância de *iwapele*, como demonstração do assentamento do pensamento tradicional iorubá em sólidos valores éticos (Abímbọ́lá 1996, p. 106).

As narrativas de Ifá mostram que os ancestrais dos modernos iorubás (e de seus descendentes biológicos ou espirituais dispersos pelo mundo) acreditavam nos aconselhamentos do oráculo, pois eles têm a força de uma experiência acumulada através dos séculos. E, assim, constituem um conjunto de experiências históricas acumuladas e que adquiriram a força de lei costumeira.

Acrescente-se, ainda com Abímbọ́lá, agora como citado em Adékòyà (1999, p.67-68), que os ensinamentos de Ifá nasceram e ainda nascem de uma observação cuidadosa das tendências e comportamentos das forças naturais do passado em relação ao que pode vir a ser no futuro. Nascem, enfim, das deduções das experiências passadas no campo das leis da física; e, assim, a filosofia básica de todo o sistema Ifá é que o aprendizado resulta de experiências passadas.

Apesar da presença secular de outras linhas de pensamento, como as do islamismo e do cristianismo, muitos iorubanos, menos ou mais letrados, servem-se, até a atualidade, das orientações de Ifá, buscadas antes de todas as ocasiões e decisões importantes.

Na já citada obra *De Olofin al hombre* (Espinosa; Piñero, 1997), lemos que os múltiplos avatares, pelos quais os seres humanos passam, fazem com que a experiência se manifeste a eles como uma voz interna, oferecendo-lhes soluções para resolver seus problemas. Porque as experiências têm, cada uma, sua lição proveitosa, que soma ao conjunto de valores chamado "sabedoria". E o homem sábio aprende não só mediante suas experiências particulares, como também toma as lições experimentadas por outros em suas vidas para tirar conclusões e incorporá-las a seu saber. Assim, um babalaô deve assimilar essas questões para que, no exercício de seu mister, possa aconselhar aos discípulos de maneira que os saberes por si transmitidos cheguem a eles, obrigando-os a refletir, pois o caminho para a sabedoria é a reflexão, o pensamento.

IFÁ É RELIGIÃO

Religião é todo sistema de crença prática e organização que compreende uma ética, expressa no comportamento de seus seguidores. Este comportamento se manifesta nos rituais; e a crença em seres sobrenaturais se traduz no reconhecimento pelo crente da santidade desses seres.

Os membros da comunidade religiosa são definidos por sua organização e diferenciação no interior do grupo, no qual se aglutinam com o objetivo principal de manter suas tradições especificas. Esta é a definição do insuspeito Dicionário de Ciências Sociais da respeitável Fundação Getúlio Vargas (Silva, B., 1986). E é nela que nos baseamos para afirmar categoricamente que o complexo erguido em torno da deidade Orunmilá e seu Oráculo Ifá constituem efetivamente uma RELIGIÃO.

ID
O RESGATE DA TRADIÇÃO

No início da década de 1990, o Ifá lucumí chegava efetivamente ao Brasil, através do *babaláo* cubano Rafael Zamora (Ogunda Kete) que, estabelecendo-se no Rio de Janeiro, entregou a "mão de Orula" ao músico José Roberto Brandão Teles que, algum tempo depois, consagrou-se a Ifá em Cuba, sob o odu Ojuáni Meyi, tendo como padrinho Wilfredo Nelson (Erdigbre).

Pertencente à linhagem de Adechina e Tata Gaytán, esse importante sacerdote, emigrado também para o Rio de Janeiro em 1998, logo constituiu uma atuante família religiosa, com afilhados que, pela dedicação aos estudos de Ifá, logo se tornaram também padrinhos, numa série de iniciações e consagrações bem sucedidas.

Nessa sequência, o mencionado José Roberto (Ojuáni Meyi) consagrava o afilhado Evandro Luiz de Carvalho (Otura Airá), o qual, em brilhante trajetória, em uma década e com a colaboração inestimável do afilhado e ojubona Luiz Alexandre Gonçalves da Silva (Okana Oturale) e de sua família biológica, fazia da comunidade Ilé Ifá Ni L'Órun, a "Casa de Ifá no Céu", uma das mais produtivas e reconhecidas entre as poucas comunidades-terreiro exclusivamente dedicadas ao culto de Orunmilá no Rio de Janeiro.

A propósito, o *olúo asiwayú* ("aquele que vai na frente") Otura Airá assim se manifesta:

> Vejo caminhar em ritmo acelerado, mesmo porque, as próprias contradições que existem atualmente com relação a Ifá são a prova viva do desenvolvimento da religião no país. Os questionamentos, as curiosidades, momentos como este de ter a oportunidade de desvendar alguns

mitos. Para mim, já é um exemplo vivo que me faz crer que em breve teremos um Culto que se desenvolverá em todos os estados do país, em harmonia entre os cultos afro-brasileiros predominantes no BRASIL. Tenho pequenos exemplos em nossa Família de Ifá que apontam os caminhos que a religião vai trilhar para seu desenvolvimento. Hoje já existem muitos candomblecistas e umbandistas iniciados em Ifá que entendem com facilidade o propósito real de Ifá em nossa sociedade e na religiosidade como um todo; pais e mães de santo que engrandeceram seus conhecimentos e multiplicaram seu axé, tanto em suas vidas pessoais, como em seus templos religiosos, com os recursos obtidos em sua iniciação. Confrontamo-nos ainda hoje com mitos errôneos em relação ao que efetivamente é Ifá de fato, dando uma visão contrária do Culto de Orunmilá, fazendo com que se rotule Ifá de acordo com tais conceitos. Entendo que através do comprometimento de bons sacerdotes em esclarecer e levar a palavra de Ifá, vimos conseguindo resultados surpreendentes, com os quais tenho a certeza que em breve Ifá será predominante no Brasil, aliado ao candomblé e a umbanda.
(Ifá Ni L'Órun, 2018)

Assim, o Ifá lucumí vem criando raízes no Brasil, garantindo o resgate de uma tradição religiosa firme e consequente, depois de quase oito décadas de ocultação e esquecimento. E isto, com respeito, mas também com independência em relação aos cânones ditados da cidade sagrada de Ifé.

REFERÊNCIAS

ABÍMBỌ́LÁ, Wándé. The concept of god character in Ifa literary corps. In: ASANTE, Molefi Kete; ABARRY, Abu S. (org). *African intellectual heritage: a book of sources*. Philadelphia-US: Temple University Press, 1996. p. 98-106.

ABRAHAM, R. C. *Dictionary of modern yoruba*. Londres-UK: Hodder & Stoughton, 1981.

ADÉKÒYÀ, Olúmúyiwá Anthony. *Yorùbá: tradição oral e história*. São Paulo: Terceira Margem, 1999.

ALAGOA, E. J. Do delta do Niger aos Camarões: os fon e os ioruba. In: OGOT, Bethwell Allan (ed.). *História geral da África V: África do século XVI ao XVIII*. Brasília: Unesco, 2010. p. 519-540.

ALTUNA, P. Raul Ruiz de Asúa. *Cultura tradicional banto*. - 2. ed. - Luanda-AO: Secretariado Arquidiocesano de Pastoral, 1993.

ANDRADE, Fernando Antônio Gomes de. *Legba: a guerra contra o xangô em 1912*. Brasília: Senado Federal, 2014.

ANDREU ALONSO, Guillermo. *Los ararás en Cuba: Florentina, la princesa dahomeyana*. Habana-CU: Editorial de Ciências Sociales, 1995.

ASANTE, Molefi Kete; ABARRY, Abu S. (org). *African intellectual heritage: a book of sources*. Philadelphia-US: Temple University Press, 1996.

ASANTE, Molefi Kete; MAZAMA, Ana (org.). *Encyclopedia of African religions*. Thousand Oaks-US: Sage Publications, 2009.

BÂ, Amadou Hampâté. A palavra, memória viva da África. *Correio da Unesco*, Rio de Janeiro, a. 7, n. 10-11, p. 17-23, 1979.

BARBOSA, Jorge de Morais. *Obi: oráculos e oferendas*. Recife: [edição do autor,] 1993.

BARNET, Miguel. *Cultos afrocubanos: La regla de ocha; la regla de palo monte*. Habana-CU: Ediciones Unión, 1995.

BASCOM, William. *Ifa divination: communication between Gods and Men in West Africa*. Bloomington-US: Indiana University Press, 1969a.

BASCOM, William. *The Yoruba of Southwestern Nigeria*. New York-US: Holt, Rinehart and Winston, 1969b.

BASCOM, William. *Two forms of Afro-Cuban divination*. Chicago-US: University of Chicago Press, 1952.

BASTIDE, Roger. *As Américas negras: as civilizações africanas no Novo Mundo*. Tradução de Eduardo de Oliveira e Oliveira. São Paulo: Difusão Europeia do Livro/USP, 1974.

BEAUVOIR, Max G. Ervas e energia: o sistema médico holístico do povo haitiano. In: BELLEGARDE-SMITH, Patrick; MICHEL, Claudine (org.). *Vodou haitiano: espírito, mito e realidade*. Tradução de Amanda Orlando. Rio de Janeiro: Pallas, 2011. p.179–206.

BENISTE, José. *Jogo de búzios: um encontro com o desconhecido*. – 2. ed. – Rio de Janeiro: Bertrand Brasil, 2001.

BENISTE, José. *Òrun-Aiyé: o encontro de dois mundos; o sistema de relacionamento nagô-yorubá entre o céu e a Terra*. – 7. ed. – Rio de Janeiro: Bertrand Brasil, 2010.

BOLÍVAR ARÓSTEGUI, Natalia. *Los Orishas en Cuba*. Habana-CU: Ediciones Unión, 1990.

BOLÍVAR ARÓSTEGUI, Natalia; PORRAS POTTS, Valentina. *Orisha ayé: unidad mítica del Caribe al Brasil*. Guadalupe-ES: Pontón, 1996.

BRASIL. Ministério Público Federal. *Parecer n. 905-RJMB: Recurso Extraordinário n. 494.601-7/210*. Disponível em <www.seppir.gov.br/parecer-liberdade-de-culto-1.doc>. Acesso em 12 dez. 2018.

CABRERA, Lydia. *Anagó: vocabulario lucumí*. – 2. ed. – Miami-US: Ediciones Universal, 1986.

CABRERA, Lydia. *El monte*. Habana: Ed. Letras Cubanas, 1993.

REFERÊNCIAS

CACCIATORE, Olga Gudolle. *Dicionário de cultos afro-brasileiros.* - 3. ed. - Rio de Janeiro: Forense Universitária, 1988.

CAPONE, Stefania. *A busca da África no candomblé: tradição e poder no Brasil.* Rio de Janeiro: Contra Capa/ Pallas, 2004.

CAPONE, Stefania. *Os yoruba do Novo Mundo: religião, etnicidade e nacionalismo negro nos Estados Unidos.* Rio de Janeiro: Pallas, 2011.

CARNEIRO, Edison. *Candomblés da Bahia.* Rio de Janeiro: Edições de Ouro, 1961.

CARVALHO, José Jorge. *Cantos sagrados do xangô do Recife.* Brasília: Fundação Cultural Palmares, 1993.

CASCUDO, Luís da Câmara. *Dicionário do folclore brasileiro.* São Paulo: Melhoramentos, 1980.

CHÁVEZ MENDOZA, Alvaro. Visão antropológica do mundo negro na América Latina. In: CELAM. *Os grupos afro-americanos: análises e pastoral.* São Paulo: Paulinas, 1982. p. 71-93.

CHESI, Gert. *Voodoo: Africa's secret power.* Translated by Ernst Klambauer. - 2. ed. - Worgl-AT: Perlinger, 1980.

CORREIO DO ESTADO. *Após vetar vaquejada, Supremo vai julgar sacrifício religioso de animais.* Disponível em <https://www.correiodoestado.com.br/brasilmundo/apos-vetar-vaquejada-supremo-vai-julgar-sacrificio-religioso-de/290621/> Acesso em 12 dez. 2018.

COULANGES, Fustel de. *A cidade antiga.* Tradução de Roberto Leal Ferreira. São Paulo: Martin Claret, 2001.

DICTIONARY of the Yoruba Language, A. Oxford-UK: University Press, 1976.

ESPINOSA, Félix; PIÑERO, Amadeo. *De Olofin al hombre: cosmogonía yoruba.* Habana-CU: Ediciones Cubanas, 1997. (Coleção em 3 v.: Ifá y la creación; La leyenda de *Orula*; El hijo de Ifá)

FALGAYRETTES-LEVEAU, Christiane (org.). *Brésil, l'heritage africain*. Paris-FR: Éditions Dapper, 2005.

FAR, Fuerzas Armadas Revolucionárias. *Historia de Cuba*. Habana-CU: Editorial de Ciências Sociales, 1985.

FERNÁNDEZ MARTÍNEZ, Mirta. *Oralidad y africanía en Cuba*. Habana-CU: Editorial de Ciencias Sociales, 2005.

FERNÁNDEZ MARTÍNEZ, Mirta; PORRAS POTTS, Valentina. *El ashé está en Cuba*. Habana-CU: Instituto Cubano del Libro/ Editorial José Martí, 1998.

FERNÁNDEZ ROBAINA, Tomás. *Hablen paleros y santeros*. Habana-CU: Editorial de Ciencias Sociales, 1997.

FROBENIUS, Leo. *Mythologie de l'Atlantide: le "Poseidon" de l'Afrique Noire: son culte chez les yourouba du Bénin*. Paris-FR: Payot, 1949.

GARCÍA-CORTEZ, J. *Patakí:leyendas y mistérios de los orishas africanos*. Miami-US: Ediciones Universal, 1980.

GATES JR., Henry Louis. A myth of origins: Esu-Elegbara and the signifying monkey. In: ASANTE, Molefi Kete; ABARRY, Abu S. (org). *African intellectual heritage: a book of sources*. Philadelphia-US: Temple University Press, 1996. p. 160–175.

GATES JR., Henry Louis. *Os negros na América Latina*. Tradução de Donaldson M. Garschagen. São Paulo: Companhia das Letras, 2014.

GERVISER, Mark. Homosexuality in África: na interpretation. In: APPIAH, K.A.; GATES JR., H. L. *Africana: the encyclopedia of the african and african american experience*. Nova York-US: Basic Civitas Book, 1999. p. 961–962.

GORDON, April A. *Nigeria's diverse peoples*. Santa Barbara-US: ABC-CLIO, 2003.

HOAD, T. F. (org.). *The concise Oxford dictionary of English etymology*. Disponível em: <http://www.oxfordreference.com/view/10.1093/acref/9780192830982.001.0001/acref-9780192830982>. Acesso em: 12 dez. 2018.

REFERÊNCIAS

HOUAISS, Antônio; VILLAR, Mauro de Salles. *Dicionário Houaiss da língua portuguesa*. Rio de Janeiro: Objetiva/ Instituto Antonio Houaiss de Lexicografia, 2001.

HURBON, Laënnec. *Les mystères du vaudou*. Paris-FR: Gallimard, 1993.

HYDE, Lewis. *A astúcia cria o mundo: trickster: trapaça, mito e arte*. Tradução de Francisco R. S. Inocêncio; revisão de tradução de Marina Vargas. Rio de Janeiro: Civilização Brasileira, 2017.

IFÁ NI L'ÓRUN. *Apetebí ni Orunmilà*. Disponível em: <http://ifanilorun.com.br/?page_id=2142>. Acesso em 12 dez. 2018.

LOPES, Nei; MACEDO, José Rivair. *Dicionário de história da África: séculos VII a XVI*. Belo Horizonte: Autêntica, 2017.

LOPES, Nei. *Dicionário da Antiguidade africana*. Rio de Janeiro: Civilização Brasileira, 2011.

LOPES, Nei. *Enciclopédia brasileira da diáspora africana*. – 4. ed. – São Paulo: Selo Negro, 2011.

LOPES, Nei. *Kitábu: o livro do saber e do espírito negro-africanos*. Rio de Janeiro: Senac, 2005.

LOPES, Nei; SIMAS, Luiz Antonio. *Impressões sobre filosofias africanas*. Inédito.

LÜHNING, Ângela (org). *Verger-Bastide: dimensões de uma amizade*. Tradução de Rejane Janovitzer. Rio de Janeiro: Bertrand Brasil, 2002.

MAIOR, Mário Souto. *Cachaça*: historia, humor, medicina empírica, proibições, religião, serenata, sinonímia, sociologia e outros aspectos da aguardente no Brasil. Brasília: Instituto do Açúcar e do Álcool, 1970. (Coleção Canavieira, n. 3)

MARTINEZ FURÉ, Rogelio. *Diálogos imaginários*. Habana-CU: Editorial Letras Cubanas, 1997.

MARTINS, Adilson. *As mil verdades de Ifá*. Rio de Janeiro: Pallas, 2012.

MAUPOIL, B. Prières em honneur de Fa. In: DIETERLAIN, Germaine. *Textes sacrés d'Afrique Noire*. Paris-FR: Gallimard, 1965. p. 118–122.

MIGLIAVACCA, Adriano. *O Ifá: uma tradição oral*. Disponível (para assinantes) em: <http://cultura.estadao.com.br//blogs/estado-da-arte/o-ifa-uma-tradicao-oral/>. Acesso: 19 mar. 2018.

NAPOLEÃO, Eduardo. *Vocabulário yorùbá*: para entender a linguagem dos orixás. Rio de Janeiro: Pallas, 2011.

NÓBREGA, Cida; ETCHEVERRIA, Regina. *Pierre Verger, um retrato em preto e branco*. Salvador: Corrupio, 2002.

OBENGA, Théophile. Genetic linguistic connections of Ancient Egypt and the rest of Africa. In: ASANTE, Molefi Kete; ABARRY, Abu S. (org). *African intellectual heritage: a book of sources*. Philadelphia-US: Temple University Press, 1996. p. 262–281.

ODUYOYE, Modupe. *Words and meaning in yoruba religion*. London-UK: Karnak House, 1996.

OLIVA, Anderson Ribeiro. A invenção dos iorubás na África Ocidental. *Estudos Afro-Asiáticos*, Rio de Janeiro, a. 27, n. 1–3, p. 141–180, jan-dez. 2005.

ORISHAIFAILE. *Refranes de Ifa*. Disponível em <http://orishaifaile1.blogspot.com/2013/02/refranes-de-ifa.html>. Acesso em 12 dez. 2018.

ORTIZ, Fernando. *Glosário de afronegrismos*. Habana-CU: Editorial de Ciências Sociais, 1990.

ORTIZ, Fernando. *Los negros brujos*. Habana-CU: Editorial de Ciências Sociais, 2001.

ORTIZ, Fernando. *Nuevo catauro de cubanismos*. Habana-CU: Editorial de Ciências Sociais, 1985.

PALAU MARTÍ, Montserrat. *Le roi-dieu au Bénin*: Sud Togo, Dahomey, Nigeria occidentale. Paris-FR: Berger-Levrault, 1964.

REFERÊNCIAS

PARÉS, Luis Nicolau. *A formação do candomblé: história e ritual na nação jeje na Bahia*. Campinas: EdUnicamp, 2006.

PARÉS, Luis Nicolau. *O rei, o pai e a morte: a religião vodum na antiga Costa dos Escravos na África Ocidental*. São Paulo: Companhia das Letras, 2016.

PRANDI, Reginaldo. *Mitologia dos orixás*. São Paulo: Companhia das Letras, 2001.

PRANDI, Reginaldo. *Segredos guardados: orixás na alma brasileira*. São Paulo: Companhia das Letras, 2005.

QUERINO, Manuel. *A raça africana e seus costumes na Bahia*. Salvador: Livraria Progresso, 1955.

QUICHERAT, L. *Dictionaire français-latin*. Paris-FR: Hachette, 1891.

RACHEWILTZ, Boris de. *Eros negro: costumbres sexuales en África desde la prehistoria hasta nuestros dias*. Barcelona-ES: Sagitario, 1963.

RAMOS, Miguel W. *La división de la Habana*: territorial conflict and cultural hegemony in the followers of Oyo Lukumí religion, 1850s-1920s. Disponível em: <http://eleda.org/wp-content/blogs.dir/1/pdf/LaDivisionDeLaHabana_Ramos.pdf>. Aceso em: 17 dez. 2018.

REIS, João José. *Domingos Sodré, um sacerdote africano*. São Paulo: Companhia das Letras, 2008.

RIBEIRO, René. *Cultos afro-brasileiros do Recife*. Recife: Instituto Joaquim Nabuco de Pesquisas Sociais, 1978.

RIO, João do. *As religiões no Rio*. Rio de Janeiro: José Olympio, 2006.

RODRIGUES, Raimundo Nina. *Os africanos no Brasil*. São Paulo: Cia. Editora Nacional, 1977.

ROHDEN, Huberto. *Roteiro cósmico*. São Paulo: Martin Claret, 2011.

ROSA FILHO, Silvio. Lógica do sacrifício. *CULT*, São Paulo, n. 231, p. 50–52, fev. 2018.

ROWLANDS, E. C. *Yoruba: a complete working course*. London-UK: Hodder & Stoughton Ltd., 1979.

SANTOS, Juana Elbein dos. *Os nago e a morte*. Petrópolis: Vozes, 1976.

SARAIVA, F. R. dos Santos. *Novíssimo dicionário latino-português*. – 12. ed. – Rio de Janeiro: Garnier, 2000.

SEGUROLA, Basilio; RASSINOUX, Jean. *Dictionnaire fon-français*. Madrid-ES: Société des Missions Africaines (SMA), 2000.

SERRA, Ordep. *Nas águas do Rei*. Petrópolis: Rio de Janeiro: Vozes/ Koinonia, 1995.

SILVA, Benedicto (coord.). *Dicionário de ciências sociais*. Rio de Janeiro: Fundação Getúlio Vargas/ MEC-Fundação de Assistência ao Estudante, 1986.

SILVA, Vagner Gonçalves da. *Exu*. Rio de Janeiro: Pallas, 2015.

SILVEIRA, Renato. *O candomblé da Barroquinha: processo de constituição do primeiro terreiro baiano de keto*. Salvador: Maianga, 2006.

SIMAS, Luiz Antonio. O azeite de dendê no carnaval. *O Globo*, Rio de Janeiro, Segundo Caderno, p. 2, 25 jan. 2018.

SODRÉ, Muniz. *Pensar nagô*. Petrópolis: Vozes, 2017.

SOUZA HERNÁNDEZ, Adrian de. *Echú-Elegguá: equilíbrio dinámico de la existencia*. Habana-CU: Ediciones Unión, 1998.

THOMAS, L. V.; LUNEAU, R. *Les religions d'Afrique Noire: textes et traditions sacrés*. v. I. Paris-FR: Stock, 1981.

THOMPSON, Robert Farris. *Flash of the spirit: African and afro-American art and philosophy*. New York-US: Vintage Books, 1983.

UNESCO. *Ifa divination system*. Disponível em: <https://ich.unesco.org/en/RL/ifa-divination-system-00146>. Acesso em 10 dez. 2018.

REFERÊNCIAS

VALDÉS, Francisco. Texto: Canciones para Elegguá. In: ROS, Lazaro; OLORUN, Grupo. *A Elegguá*. Habana-CU: Caribe Productions Inc., 1999. 1 CD.

VALÉNCIA BARCO, J. H. A religiosidade do mundo negro; In: CELAM. *Os grupos afro-americanos: análises e pastoral*. São Paulo: Paulinas, 1982. p. 127-161.

VERGER, Pierre. Esplendor e decadência do culto de Iyàmi Òşòròngà entre os iorubas. In: VERGER, Pierre. *Artigos*. Salvador: Corrupio, 1992. Tomo 1, p.8-91.

VERGER, Pierre. *Ewé: o uso das plantas na sociedade iorubá*. São Paulo: Companhia das Letras, 1995.

VERGER, Pierre. *Orixás: deuses iorubás na África e no Novo Mundo*. Salvador: Corrupio, 1997.

ÍNDICE REMISSIVO

ABIKU(S) 86, 168, 170
ABORU 107
ACHEDÁ 132, 133
ADIMU 137
AGBONMIREGUN 38
AIÊ 33, 73, 76
AIYÉ 33, 73, 76, 94, 133
AJAGUNÁN 157
AJOGUM 68, 74
AJOKU 74
AKODÁ 132, 133
AMALU 174
APETEBÍ 129, 130, 136, 137, 194, 196
APÔ ABIRÁ 172
ARA 60
ARABÁ 33, 38, 54, 55, 154
ARARÁ 30, 147, 154, 155, 189
ARAYÉ 127
ARONI 155, 157
ARUM 68, 165
ÀRÙN 68
ASIWAYÚ 205
"ATÉ" 52, 132
ATEFÁ 189
AWO 32, 58
AWOFAKÁN 129, 130, 131, 132
AYIÉ 73
AXÉ 67, 68, 69, 71, 73, 74, 139, 143, 145, 146, 174, 206
BABALAÔ 33, 34, 41, 43, 44, 46, 47, 48, 51, 53, 54, 55, 59, 103, 105, 106, 107, 108, 109, 110, 111, 113, 131, 135, 137, 138, 173, 178, 180, 187, 194, 196, 204
BABALÁO 14, 111, 112, 113, 115, 128, 129, 130, 131, 132, 133, 135, 137, 140, 147, 205
BÀBÁLAWO 131, 135
BABALOCHA(S) 131
BÀBÁLODÙ 33
BABALORIXÁ(S) 40, 104, 107, 108
BABALÚ AYÉ 148, 154, 172, 189
BATÁ 13, 110, 111, 153
BIAGUÉ 129
BOROMU 157, 188
BRONSIA 188
CHANGÓ 13, 127, 153, 154, 156
EBÓ 71, 115, 138, 139, 147
EBORÁ 92, 141, 142
ECHÚ 129, 146, 150, 151
EGUM 75, 77, 97
EGÚN 61
ÉGÚN 75, 97
EGUNGUM 75, 77, 166
ÉGÚNGÚN 75
EJÉ 69
EKUELE 128, 129, 132
ELEGBARA 34, 44, 45, 59, 73, 74, 117, 122, 150, 162, 170, 194
ELEGUÁ 74, 129, 130, 132, 145, 146, 147, 149, 150, 151, 152, 158

ELEMI 120
ẸLÉRI ÌPÍN 21, 67
ẸMÍ 60, 76, 120
EPÔ 69
ẸRỌ 60
EXU 33, 39, 40, 44, 45, 57,
  59, 73, 74, 75, 84, 94, 129,
  138, 146, 150, 158, 165, 167,
  172, 174
FUNFUN 92, 94
IALORIXÁ 112
IDEFÁ 130, 135
IDILÉ 91
IEMANJÁ 57, 93, 95, 119, 168,
  193
IEROFÁ 139
IEROSSUM 41, 44, 54, 69
IFÁ 11, 13, 17, 19, 20, 21, 24, 28,
  29, 30, 32, 33, 34, 37, 38, 39,
  40, 41, 42, 43, 44, 45, 46, 47,
  48, 49, 50, 51, 52, 53, 54,
  55, 56, 57, 58, 59, 60, 62, 63,
  64, 66, 67, 73, 74, 75, 76, 77,
  81, 82, 83, 84, 85, 86, 88, 91,
  95, 96, 97, 99, 100, 101, 102,
  103, 104, 105, 106, 107, 108,
  109, 111, 112, 113, 114, 117, 121,
  122, 123, 124, 125, 126, 127,
  128, 129, 130, 131, 132, 133,
  134, 135, 136, 137, 138, 139,
  140, 143, 145, 147, 148, 150,
  151, 152, 153, 154, 156, 158,
  161, 162, 163, 164, 165, 166,
  167, 168, 169, 170, 171, 172,
  173, 175, 177, 182, 185, 187,
  188, 189, 190, 191, 192, 194,
  195, 196, 199, 202, 203, 204,
  205, 206
IFÉ ORÉ 119, 120
IGBADÚ 133
IGBA-IWÁ 133
IKIN 54
IKOFÁ 196
IKÚ 21, 68, 75, 128, 134, 154,
  170, 180
ILÉ 25, 26, 27, 54, 57, 91, 93,
  94, 99, 142, 171, 199, 200,
  201, 205
ILEKÉ 130
IMOLÉ(S) 92, 93
ÌMỌLẸ 92
IQUINES 33, 34, 39, 40, 41, 43,
  44, 54, 81, 82, 128, 129, 130,
  131, 162
IRÉ 127, 128, 202
IRÊ 123, 127
IROFÁ 132
IRUNMOLÉ 141, 174
IRÚNMỌLÈ 92, 93
ITÁ 104
ITABA 77
ÌTÀN 43, 76, 82, 103

ÍNDICE REMISSIVO

ITÃ(S) 33, 42, 43, 47, 76, 82, 86, 94, 103, 122, 123, 135, 136, 143, 150, 197
IWÁ 156
IYÁ MI 95
ÌYÁMI ÒṢÒRÒNGÀ 136
ÌYERÓSÙN 54, 132
KETU 32, 54, 195
LUCUMÍ(S) 11, 13, 17, 32, 56, 64, 74, 81, 83, 84, 88, 96, 101, 102, 103, 109, 110, 111, 124, 125, 126, 127, 129, 130, 131, 133, 135, 138, 139, 140, 141, 144, 145, 150, 152, 154, 158, 161, 163, 175, 182, 185, 187, 188, 189, 190, 195, 205, 206
MÊJI(S) 38, 45, 83, 84, 87, 88, 95, 96, 104, 112, 113, 136, 163, 173
MERINDILOGÚN 104, 131
MEYI 84, 149, 163, 164, 165, 166, 167, 168, 169, 170, 171, 172, 173, 174, 175, 176, 177, 178, 179, 180, 181, 196, 205
MOJUBÁ 140
MOYUBA(S) 113, 140
OBALUAIÊ 172, 189
ỌBALUAIYÉ 154
OBÁ ORIATÉ 104, 131
OBATALÁ 38, 45, 46, 52, 58, 69, 76, 91, 92, 93, 94, 97, 118, 120, 121, 134, 141, 146, 147, 152, 153, 157, 164, 165, 168, 170, 187, 199, 200
OBI(S) 27, 59, 85, 128
OBÍ 148
OBÍ-KOLA 128
OCHA 77, 125, 131
OCHOSI 127, 129, 130, 132, 146, 148, 153
OCHUMARE 157
OCHÚN 13, 127, 134, 135, 146, 153, 154
ODU(S) 20, 21, 32, 33, 38, 39, 40, 41, 42, 43, 44, 45, 47, 51, 54, 55, 60, 80, 81, 82, 83, 84, 85, 86, 87, 88, 94, 95, 96, 97, 103, 104, 107, 108, 113, 122, 127, 128, 130, 131, 132, 134, 135, 136, 137, 138, 139, 139, 147, 148, 149, 150, 160, 161, 162, 163, 164, 165, 166, 168, 169, 170, 171, 172, 173, 174, 175, 182, 189, 190, 196, 197, 199, 202, 205
ODUDÚA 133, 141, 147, 149, 152, 187, 188
ODÙDUWÀ 52
OFO 127
OGÓ 73
OGUM 25, 45, 58, 93, 94, 119, 122, 123, 151, 165, 169, 171
OGÚN 129, 130, 132, 134, 135, 146, 148, 153, 170

OJIJI 60
OJUÁNI 14, 84, 114, 127, 147, 148, 163, 167, 177, 205
OJUBONA 135, 205
O̩KÀN 60
OKANA 84, 87, 112, 127, 149, 163, 168, 169, 178, 205
OKANRAN 83, 84, 87, 88
OLODUMARE 21, 38, 45, 52, 59, 73, 74, 75, 76, 91, 92, 94, 95, 96, 97, 99, 118, 119, 121, 126, 138, 141, 148, 157, 180
OLOFIM 29, 39, 40, 45, 46, 52, 59, 73, 91, 92, 95, 96, 117, 118, 119, 120, 121, 123, 126, 145, 149
OLOFÍN 96, 126, 134, 141, 146, 149, 153, 154, 155, 157, 158, 187, 188, 196
OLORUM 33, 39, 52, 59, 73, 91, 92, 95, 96, 118, 120, 121, 126, 199, 200, 201
OLORUN 126, 141, 157
OLUÔ 114, 133
OLÚO 133, 205
OLUWA 21, 22
OMI 139
OMIERÓ 139
O̩MO̩-ODÙ 82, 161, 174
ONI 25, 27
OPÁ 149
OPELÉ 113, 131, 132

OPELÊ 33, 34, 39, 40, 43, 54, 81, 82, 84, 105, 122, 128, 129, 134, 161, 164
OPONIFÁ 14, 41, 43, 44, 45, 52, 54, 69, 122, 132, 139, 167
OPÓN-IFÁ 14
ORANIÃ 27, 91, 95
O̩RÀNMÍYÁN 95
ORIATÉ 104, 131
ORICHA 125, 141
ORICHA OKÓ 154
ORIXÁ(S) 17, 19, 20, 28, 34, 37, 38, 39, 40, 52, 53, 54, 56, 57, 58, 59, 61, 69, 73, 74, 75, 76, 77, 81, 85, 90, 91, 92, 93, 94, 96, 97, 101, 102, 103, 104, 108, 118, 119, 120, 121, 122, 125, 126, 129, 130, 139, 141, 142, 145, 146, 147, 152, 153, 154, 155, 156, 157, 162, 170, 185, 188, 200, 202
ORO 21, 75, 173
OROÍÑA 14, 152, 154
ORUM 33, 39, 40, 73, 76, 156, 200
O̩RUN 33, 39, 73, 94, 97
ORUNMILÁ 17, 21, 29, 33, 36, 37, 38, 39, 40, 45, 46, 51, 52, 53, 55, 56, 59, 67, 76, 81, 92, 94, 97, 99, 106, 108, 109, 113, 118, 120, 121, 122, 123, 125, 126, 129, 130, 132, 133, 136,

137, 138, 142, 143, 146, 149,
155, 162, 163, 164, 165, 166,
167, 168, 169, 170, 171, 172,
193, 194, 199, 204, 205, 206
Orúnmila 14, 140, 146, 155,
156, 173, 188
Osáin 139, 140, 154, 155, 156,
157, 170, 181
osobo 127, 128, 140, 202
Ossaim 34, 53, 91, 122, 139
Ôssum 69, 94, 108
Osun 129, 130, 132, 136, 146,
153
oti 69, 77
ouó-eyó 131
owó 127
Owonrin 83, 84, 87, 88, 136,
167
Oxeturá 174
Oxum 13, 25, 93, 109, 119, 148,
164, 166, 170, 172, 173, 174
Oyá 154, 156, 168, 172
òye 60
oyin 69, 77
pagugu 77
patakí(s) 103, 104, 131, 133,
136, 143
Queto 32, 54, 194
rama 114, 125
Regla de Ocha 125, 131
Xangô 13, 14, 28, 45, 46, 58,
64, 91, 93, 94, 107, 108, 119,

122, 149, 162, 164, 166, 169,
172, 179, 193
yalocha 112
Yansán 154
yefá 139
Yemayá 111, 153, 170
Yewá 154

Este livro foi impresso em abril de 2025,
na Gráfica Assahí, em São Paulo.
A fonte utilizada é a Mrs Eaves XL.
O papel de miolo é o pólen 80g/m2
e o de capa cartão 250g/m^2.